Hanna Segal

Hanna Segal

EM
São Paulo

•

SEMINÁRIOS CLÍNICOS

Casa do Psicólogo®

© 2000 Casa do Psicólogo Livraria e Editora Ltda.
© Sociedade Brasileira de Psicanálise de São Paulo
É proibida a reprodução total ou parcial desta publicação, para qualquer finalidade, sem autorização por escrito dos editores.

Capa
Clóvis Ferreira França

Revisão Técnica
Lídia Rosenberg Aratangy
Magaly da Costa Ignácio Thomé

Secretária Editorial
Maria Celina Anhaia Mello

Editoração Eletrônica
Valquíria Farias dos Santos

Dados Internacionais de Catalogação na Publicação (CIP)
(Câmara Brasileira do Livro, SP, Brasil)

Hanna Segal em São Paulo: seminários clínicos e temáticos/ organizadoras Maria Olympia de A.F. França, Magaly da Costa Ignácio Thomé; tradução Lídia Rosemberg Aratangy, Magaly da Costa Ignácio Thomé. — São Paulo: Casa do Psicólogo, 2000. — (Coleção acervo psicanalítico)

Vários apresentadores do material clínico.
Bibliografia.
ISBN 85-7396-084-1

1. Psicanálise 2. Segal, Hanna, 1918 – I. França, Maria Olympia de A.F. II. Thomé, Magaly da Costa Ignácio. III. Série.

00-2421
CDD-616.891706
NLM-WM 460

Índices para catálogo sistemático:

1. Psicanálise: Medicina: Seminários 616.891706

Impresso no Brasil
Printed in Brazil

SOCIEDADE BRASILEIRA DE PSICANÁLISE DE SÃO PAULO
Rua Sergipe 441 5° andar cj. 51 01243-001 São Paulo SP
Tel.: (11) 3661 9822 Fax: (11) 3661 8353
e-mail: sbpsic@orignet.com.br — biblioteca.sbpsic@eu.ansp.br

Reservados todos os direitos de publicação em língua portuguesa à
Casa do Psicólogo Livraria e Editora Ltda.
Rua Alves Guimarães, 436 Pinheiros 05410-000 São Paulo SP
Tel.: (11) 852 4633 e-mail: casapsi@uol.com.br

Hanna Segal

EM
SÃO PAULO

•

SEMINÁRIOS CLÍNICOS

ORGANIZADORAS
Maria Olympia de A.F. França
Magaly da Costa Ignácio Thomé

ACERVO
PSICANALÍTICO
SOCIEDADE BRASILEIRA
DE PSICANÁLISE DE
SÃO PAULO

Sociedade Brasileira de Psicanálise de São Paulo

DIRETOR PRESIDENTE
Luiz Carlos Uchôa Junqueira Filho

SECRETÁRIA GERAL
Miriam Malzyner

DIRETORA CIENTÍFICA
Liana Pinto Chaves

DIRETOR ADMINISTRATIVO
Cláudio Rossi

DIRETOR FINANCEIRO
Fernando Giuffrida

PRIMEIRO SECRETÁRIO
Roberto Vilardo

DIRETOR DA CULTURA E COMUNIDADE
Leopold Nozek

DIRETOR DO INSTITUTO
Deodato Curvo de Azambuja

SECRETÁRIA DE AVALIAÇÃO
Marion Minerbo

SECRETÁRIO DE SELEÇÃO
Roberto Kehdy

SECRETÁRIA ADJUNTA
Viviana Schneiderman S. Starzynski

SECRETÁRIA DO SETOR DE PSICANÁLISE
DE CRIANÇAS E ADOLESCENTES
Nilde Jacob Parada Franch

HANNA SEGAL
EM SÃO PAULO

•

SEMINÁRIOS CLÍNICOS

•

ORGANIZADORAS
Maria Olympia de A.F. França
Magaly da Costa Ignácio Thomé

APRESENTADORES DO MATERIAL CLÍNICO
Alicia Beatriz Dorado de Lisondo
Célia Fix Korbivcher
Eduardo Boralli Rocha
Luciana Estefano Saddi Mennucci
Magaly da Costa Ignácio Thomé
Marilsa Taffarel

TRADUÇÃO
Liliana Pinto Chaves

REVISÃO TÉCNICA
Lídia Rosenberg Aratangy
Magaly da Costa Ignácio Thomé

SOCIEDADE BRASILEIRA
DE PSICANÁLISE DE SÃO PAULO

COLEÇÃO ACERVO PSICANALÍTICO

EDITORA
Maria Olympia de A.F. França

COMISSÃO EDITORIAL
Maria Olympia de A.F. França
Cristina Maria Kurkdjian
Magaly da Costa Ignácio Thomé
Maria Celina Anhaia Mello
Marta Petricciani
Milton Della Nina
Miriam Sarue Tawil

Sumário

Sumário 9

Prefácio ↔ Posfácio 11

Seminário Clínico I 13

Seminário Clínico II 29

Seminário Clínico III 49

Seminário Clínico IV 65

Seminário Clínico V 81

Seminário Clínico VI 99

PREFÁCIO ↔ POSFÁCIO

Sinto-me na condição de apenas pós-faciar Hanna Segal, nunca pré-faciá-la.

É de Hanna Segal o artigo "O verdadeiro crime é o silêncio". Silêncio de não denunciar violências e hipocrisias, aquelas que simplesmente obscurecem ou matam os sentimentos ou a razão para que, alienados, permaneçamos prisioneiros em nossos mundos infantis.

Autora e estudiosa da formação da subjetividade com suas contribuições já clássicas sobre o pensamento simbólico, é uma militante ferrenha para as causas sociais que a sensibilizam como o Desarmamento ou o Holocausto. Dirige-se em suas obras ora para a estética, o nascer da arte e da inspiração, ora para ética e a denuncia da injustiça social.

A coleção "Acervo Psicanalítico" apresenta neste livro as conversas clínicas que SBPSP teve com Hanna Segal durante sua estadia em São Paulo. Nele, o leitor irá encontrar a analista, que captando sustenidos e bemóis, não faz concessões face ao que acredita. Sua escuta profunda e sutil dos fatos clínicos a mantém distante do silêncio paralizante-assassino, ao mesmo tempo em que nos coloca inteiramente na violência e na dor que nos silencia.

Seminário Clínico I

SEMINÁRIO CLÍNICO I

Apresentador: A paciente é uma arquiteta de 40 anos, que goza de certa projeção em seu meio. Está em análise há vários anos, com algumas interrupções ao longo desse período. Procurou análise após sucessivas experiências frustradas de relacionamento afetivo, porque dessa vez, ao iniciar uma nova relação, conscientizou-se da necessidade de ajuda psicanalítica para preservá-la. Depois de algum tempo de análise, decidiu engravidar e, ao consultar um médico, foram constatados problemas ginecológicos que impossibilitavam a gravidez. Até recentemente sua reação a essa informação era de negação.
 Após a última interrupção da análise, há cerca de um ano e meio, voltou a me procurar. Estava deprimida, em um estado de ansiedade e medo, pois não conseguia resolver seus constantes problemas de saúde. Na ocasião relacionei essa queixa com a impossibilidade de ter filhos e com a dor que esse fato lhe provocava. Ela não pretendia propriamente voltar à análise, mas, após conversarmos sobre sua situação, decidiu retomar o trabalho, embora fosse evidente sua ambivalência quanto a se confrontar com sua situação interior.
 Hanna Segal: Será que as interrupções da análise foram por motivos reais? Pergunto porque essa paciente parece especialista em abortar relações.
 Apresentador: Concordo. Todo o histórico dela comigo caracterizou-se por interrupções, faltas e atrasos.
 Hanna Segal: Você poderia nos falar um pouco sobre a infância dela? Como era a relação com os pais? Ela tem irmãos?
 Apresentador: Sua lembrança é de um relacionamento muito ruim com a família. Parece que havia uma péssima relação entre os

pais, um relacionamento um tanto sadomasoquista, em que a mãe vivia a parte masoquista. Ela tem um irmão, mais velho.

Hanna Segal: Há algum fato significativo que você acha que deveríamos saber?

Apresentador: A questão marcante refere-se ao mau relacionamento dos pais, entre eles e com ela, especialmente o pai. Ela tinha uma visão muito desvalorizada do casal. Ao longo da análise, parece que conseguiu restaurar um pouco a relação com a mãe. A dificuldade com o pai manifesta-se até hoje.

Hanna Segal: Pelo material clínico, tenho a impressão de que ela não tem um bom relacionamento com os homens.

Apresentador: É verdade. Ela era muito instável e os relacionamentos não duravam.

Esta é uma sessão de quarta-feira. A cliente vem habitualmente às segundas, terças e quartas-feiras. Nesta semana atendi a uma solicitação dela e trocamos a sessão de segunda-feira para quinta-feira. Esse pedido deu-se após uma sucessão de faltas nas semanas anteriores.

A cliente chegou vinte minutos atrasada e, após um silêncio, envolta em uma atmosfera carregada, disse:

Paciente: *Não estou nada bem, estou muito deprimida. Cheguei na garagem aqui do prédio hoje e parecia que estávamos em época de guerra. Tinha faltado luz, nada funcionava direito, havia uma fila de pessoas esperando o elevador. Estava um calor infernal, luzes piscavam, parecia o Apocalipse.*

Após uma pausa, continuou:

Estou intrigada, porque fui convidada para apresentar um trabalho em um evento e o tema que me veio à mente, com muita insistência, foi "lixo". Mas não sei se vou desenvolver esse tema, porque acho que é muito forte, crítico, político. Não sei por que, mas só me ocorreu isso para propor, acho estranho que não me tenha ocorrido mais nada. Não sei por que ando nesse clima ultimamente.

Eu me sentia envolta nessa atmosfera que a paciente descrevia, sem poder comunicar-lhe nada. Decidi esperar mais um pouco.

Paciente (em tom de lamento): *Eu vinha pelo caminho e vi máquinas cortando um morro onde havia uma casa antiga. Estão construindo um prédio no local. Pensei que era uma pena, porque esta é uma região alta, São Paulo é cheia de colinas, e daqui antigamente se avistava o rio Pinheiros. Pensei: imagine o caos*

que seria se tudo parasse de funcionar no mundo! É incrível, mas essa idéia de lixo volta à minha mente. Penso em reciclagem de lixo, em lixo mesmo.
Analista: *Parece que você me dá uma visão de como se sente internamente neste momento.*
Indago-me o que ela me estaria comunicando, pois lembro-me que esses temas surgem com freqüência de diferentes maneiras, sobretudo o último, a respeito do corte do morro, e temos conversado exaustivamente sobre sua esterilidade. Eu tinha a impressão que hoje não se tratava disso. De alguma maneira, eu lhe formulei essa idéia e decidi indagar se ela tinha alguma noção a respeito do que estaria falando.
Paciente: *O problema é que, como diz o ditado, "é de pequenino que se torce o pepino". Com muita insistência me vem à mente o jardim da casa de minha avó em X (cidade de praia onde os avós moravam). Quando meu pai se aposentou, ele foi morar lá e mandou passar uma máquina por todo o jardim, acabando com os canteiros de flores que meus avós plantaram. Ele colocou grama em tudo; arrancou todo aquele jardim maravilhoso, cheio de flores, tão bem cuidado, e deixou sem nada. Eu sempre pensei: "Deu tudo errado!".*
O problema de não poder ter filhos é recente, ocorreu há poucos anos; mas não se trata disso, a questão é anterior. Os meus problemas vêm de muito tempo, desde que eu era pequena.
Analista: *Concordo que a esterilidade é o último elo de uma cadeia de sucessivos acontecimentos que vêm de há muito tempo e que resultaram nesta situação.*
Paciente: *Ontem estive com R.* (pessoa com quem viveu durante algum tempo), *olhei para ele e pensei: "O que será que eu vi nesse homem para fazer um aborto, me separar de alguém que eu amava — e que acabou morrendo, e agora paira na minha cabeça como um fantasma — só para ficar com ele? É incrível! Por que eu fiz isso?".*
Analista: *Toda a sua fala manifesta muita dor, sofrimento pela percepção de que o rumo dado à sua vida decorre de suas próprias decisões. Parece sentir que tudo resultou em lixo. Vejo-a em uma corda bamba, um pouco para cá, um pouco para lá, oscilando entre deixar levar-se pelo lixo, pelo estado apocalíptico, e cuidar do que chama de lixo: transformar, reciclar o lixo.*

Ela comenta que a menção ao lixo se deve ao fato de R. lhe ter devolvido, na véspera, um livro cujo tema era o lixo.

Analista: *Concordo que o aborto e, posteriormente, os problemas ginecológicos, são frutos desse pepino que foi torcido há muito tempo, mas o que resultou foi um sentimento de conter um monte de lixo em seu interior. Penso que isso seja decorrente de uma vivência muito arraigada, como aquela do jardim, em que o filho destruiu o que os pais criaram. Esse filho foi excluído desse par criativo que plantou um belo jardim, gerando-lhe ódio e violência. Parece-me que você vê como perigo a formação de um par criativo. Ocorre-me que aqui em sua análise muitas vezes não podemos formar um par. Você tem oscilado entre vir, fazer face à sua situação, e evadir-se. Não fica nem dentro nem fora da situação e daí resulta essa vivência de lixo em seu mundo interior e a sensação de que não pode conter dentro de si nada que seja valioso e significativo, embora você mencione a possibilidade e a esperança de reciclar o lixo.*

Paciente (em tom de sofrimento e perplexidade): *Lembrei-me de um sonho que tive esta noite, um sonho estranho, esquisito. Eu olhava no espelho e via uma cárie no meu dente da frente, feia, muito visível; depois, no dente ao lado, vi uma outra, em outro dente outra, e eu pensava: "Meu Deus! Como deixei isso ficar assim? Como não tomei nenhuma providência?!".*

Analista: *A lembrança do sonho eclodiu neste momento da sessão e relaciona-se com o que acontecia aqui. Acho que você sentiu minha fala anterior como uma forma de eu cuidar de você e então percebeu e lastimou os buracos que ficam quando não providencia os cuidados de que necessita; inclusive hoje, quando perdeu parte de seu tempo da sessão.*

Apresentador: A partir da sessão seguinte, a paciente iniciou um movimento de conscientizar-se de sua oscilação na análise e de como isso poderia conduzir à perpetuação de seu estado. Depois de trabalhar sobre a questão, decidimos acrescentar uma sessão, passando a quatro vezes por semana.

No momento, ela cuida um pouco mais de seus horários.

Hanna Segal: Vou comentar a sessão, sem entrar em detalhes. Depois, podemos abrir a discussão.

O problema dessa paciente é a tendência a abortar qualquer movimento criativo. Há um ataque ao que a analista diz, no sentido da possibilidade de formar um casal, e há principalmente um ataque à análise, ao trabalho e ao casal parental. Ela interrompe continuamente a capacidade da analista de pensar, de ter uma sessão inteira e de ter uma semana analítica completa. Concordo integralmente com a interpretação básica da analista sobre o ataque que a paciente faz ao casal e com aquela outra interpretação, mais longa, de que dentro da paciente tudo se transforma em lixo.

No entanto, com uma paciente como essa, parece-me que a única maneira de conseguir uma mudança significativa é evitar qualquer generalidade, porque a paciente já sabe tudo. É preciso examinar em detalhes cada atuação da paciente, e nunca entrar em conluio. Eu gostaria de saber por que ela faltou às sessões e, quando isso aconteceu, por que você concordou em mudar a sessão.

Apresentador: Ela falta às sessões porque isto faz parte de sua maneira de estar em análise.

Hanna Segal: Sei, é um padrão genérico. Mas qual foi a desculpa alegada naquele dia? Pergunto porque faltar quando tem de escrever um artigo é diferente de faltar por outra razão. Em que momento ela pediu uma mudança no horário? Foi antes ou depois de perder a sessão?

Apresentador: Antes. Vínhamos trabalhando esse movimento dela em direção a uma ampliação da consciência sobre seu jeito de funcionar, de como ela faltava às sessões e mantinha-se ausente. Dessa vez tinha um compromisso e sabia que teria de faltar na segunda-feira.

Hanna Segal: Essa sessão é posterior às sessões perdidas?
Apresentador: Sim.
Hanna Segal: Imediatamente posterior?
Apresentador: Não. Ela teve sessão na véspera. Esta sessão é a de quarta-feira. Muitas das faltas, segundo ela, devem-se a problemas físicos, como sinusite e dor de cabeça.

Hanna Segal: Ela chega vinte minutos atrasada e diz que está deprimida. Ao chegar, há uma fila de pessoas, um Apocalipse. Então, ela fala sobre o artigo que tem de escrever e que vira lixo. Fala do *setting* da analista. A primeira interpretação é: "Parece-me que você dá uma visão do seu interior neste momento". Eu teria interpretado que é isso que ela sente sobre o *setting,* a casa da analista. Quando ela tem de esperar na fila, acontece uma guerra apocalíptica em que a paciente sente que a analista e todos os que estão ligados à analista são destruídos.

A analista estava correta quando interpretou que isso não tinha a ver com os problemas de saúde. Esta seria uma interpretação muito fácil. Então, a paciente concorda e diz que "é de pequenino que se torce o pepino". O problema não tem a ver com a esterilidade nem com a infância, mas sim com o que acontece aqui agora. "O pepino foi torcido" aqui.

Ela tem uma imagem sádica da relação sexual dos pais. De certa forma, está correta em voltar à infância, mas isso é também uma maneira de evadir-se do aqui e agora. Eu retomaria que, durante o tempo em que esperava o elevador, ela não sabia o que estava acontecendo com a analista. Menciona que o pai teria feito uma devastação. Depois disso, volta a falar do aborto. Ela abortou três sessões e chegou vinte minutos atrasada. Quando se refere novamente a R., eu tentaria entender por que ela apela para isso nesse momento.

Acho que interpretaria nos seguintes termos: quando ela pensou no aborto, lembrou-se do tempo em que podia culpar R. por isso, como no passado, em que sempre culpava o pai. Mas quando a analista diz que ela está mais próxima de um *insight* porque leva em consideração sua ambivalência, eu interpretaria que ela começa a sentir que a culpa talvez não seja do pai nem de R., mas de sua própria ambivalência diante do fato de que a analista tem, dentro da mente, uma relação criativa, e diante do que a analista faz durante as interrupções da análise.

A longa interpretação da analista sobre o jardim, como se descrevesse a situação de uma criança que olha para a relação sexual dos pais, gera um distanciamento. Essa interpretação insinua que todas as crianças fazem isso; no entanto, essa paciente é diferente das outras crianças. Tudo o que a analista diz é verdadeiro, mas soa como uma aula. Seria possível obter uma resposta melhor se a analista ligasse cada uma das interpretações a um trecho da transferência.

Mas a analista deve tê-la tocado, porque ela produziu um sonho no qual seus dentes estão esburacados — e a analista relacionou isso com os buracos que ela faz no processo analítico. Acho que a imagem do espelho também é importante, porque se supõe que o analista seja capaz de espelhar o paciente. Nesse caso, o que fica aprisionado no espelho? É ela que aborta a analista e seu trabalho, ou ela é abortada pela analista? Talvez, no futuro, fosse bom pensar nessa imagem do espelho, em que ela aborta a mãe e, ao mesmo tempo, a si mesma. Quem é quem? Ela tem medo de vir à sessão e ver isso como uma imagem especular de si mesma.

A paciente chega depois de uma interrupção e vê destruição. A analista interpretou, até certo ponto corretamente, que isso é o seu mundo interno. Mas a questão que preocupa a paciente nesse momento é que isso seja uma imagem especular: ela viu a cena como quem olha no espelho. Gostaria de mencionar um último ponto: o desprezo que essa paciente nutre pelos pais. É importante detectar no material o desprezo que ela tem pela analista, que se pode manifestar de maneiras sutis, como chegar atrasada. Não se trata de hostilidade, mas de arrogância e desprezo. É importante nunca entrar em conluio com a paciente, porque isso não produziria gratidão, mas desprezo. Por isso eu pedi tantos detalhes sobre a sessão substitutiva. Se a substituição se fez por motivos de trabalho ou porque ela precisava se ausentar da cidade, tudo bem; mas se a mudança fosse por qualquer outro motivo, essa substituição não daria margem à gratidão, mas ao desprezo. Ainda assim, o desprezo está presente: no fato de ela pedir outra sessão, a analista atendê-la e ela faltar a três sessões e atrasar vinte minutos. Isso é desprezo. Ela trata a analista como lixo. Quando a analista diz que esse é o comportamento padrão da paciente, ela responde: "Mas esse é o problema". Uma paciente minha diz: "Mas isso sou eu! É assim que eu sou. Eu sempre faço assim".

Platéia: Você faria uma distinção entre a paciente que trata o analista como lixo e a paciente que transforma o analista em lixo? Pergunto porque ela chegou atrasada e fez uma descrição daquilo que acontecia na garagem, a situação apocalíptica que resultou da falta de luz. Mas a questão é que essa paciente desliga a luz e cria um Apocalipse cada vez que falta à análise. Entre as sessões, ela destrói a analista e quando chega para a análise encontra essa situação apocalíptica que, por identificação projetiva, coloca dentro do lugar em que a analista trabalha. O sonho sobre os dentes representa a mesma coisa; ela encontra a analista cheia de buracos, como resultado de seu ataque destrutivo. Esta é uma situação em que atuação e identificação projetiva se sobrepõem. Ela sempre encontra o que criou.

Qual seria a melhor maneira de lidar com essa contínua situação de atuação e identificação projetiva nessa paciente?

Hanna Segal: Em relação à primeira pergunta, concordo que há um jogo entre introjeção e projeção, pois, durante a ausência, ela transforma a analista em lixo. Ela faz alguma coisa com a analista, dentro dela, mas faz também alguma coisa com a analista de fora, porque ela se mantém afastada da analista. Então, a paciente fica na situação apocalíptica de ter destruído algo internamente, mas livrase disso como alguém se livraria de lixo, colocando-o para fora, isto é, deixando a analista de fora, deixando-a esperar por vinte minutos e colocando o Apocalipse lá, e não onde ela está. Em outras situações, a identificação projetiva ocorre de maneira diferente. Ela chega e diz: "Estou deprimida, nada mudou, tudo é lixo", etc. Isso também é identificação projetiva. A analista não é um pai potente, o que ela faz não adianta. A analista também não é uma mãe que a alimenta bem, a paciente está cheia de lixo. Às vezes, pacientes como esta dizem que tudo falhou, que estão desesperados, e isso pode ser entendido como uma forma de comunicação. Você diz que a paciente está em um movimento de ampliação da consciência, mas o que vejo aqui é um amontoado de lamúrias: "Eu sou lixo. Você é lixo. Nada muda". O colega tem razão acerca da falta de luz. A paciente não deseja preservar a luz, porque está tomada de ódio pelo funcionamento da analista e pela luz que emana da analista.

Acting out sempre tem elementos de *acting in*. Como, por exemplo, quando a paciente coloca outro objeto em seu lugar e, então, ataca esse objeto. No entanto, ela sabe que está prejudicando a análise. Tenho um paciente que negligencia a família, não trabalha e assiste a filmes pornográficos. Há muita atuação erótica em tudo isso, mas o ponto principal é quando ele vem para a sessão e me conta essa atuação. Ou ele pensa que ficarei excitada com esses relatos perversos (mal sabe ele o quanto me soam tediosos!), ou quer me mostrar que a análise é sempre transformada nesse lixo sexualmente excitante. A atuação tem sempre alguma relação com um objeto interno, e o analista é o representante desse objeto.

Você concorda com o que eu disse?

Apresentador: Estou plenamente de acordo. Não sei o que terá me desviado de trabalhar mais diretamente com a transferência. Talvez ela tenha me distraído usando metáforas muito ricas para se comunicar comigo, falando de situações apocalípticas, como o jardim dos avós.

Hanna Segal: Acho que você está certa. Embora essa paciente seja melancólica-esquizóide, ela também é histérica e os histéricos são hábeis em criar imagens envolventes. Mas há um outro elemento: é provável que você pense que a paciente é frágil demais, e tema ser cruel se for muito minuciosa e específica em relação a datas,

fatos, etc. Então você se segura, com medo de que ela pare e aborte a análise. É como se você sentisse que essa análise é um bebê extremamente frágil, e isso a leva a ser muito delicada e protetora. E você tem medo de que, se for mais dura, a paciente irá abortá-la. Você sente que ela abortará o seu bebê e também a ela mesma.
Apresentador: Concordo. De certa forma, a proposta de aumentar o número de sessões está ligada com o que você diz.
Hanna Segal: Você pode evitar o sentimento de que está sendo cruel se deixar claro como a paciente pode ser cruel. Mas tem de ser cuidadosa na formulação e fazê-la perceber que você está protegendo esse bebê, a análise. Quando você fica fraca e desprezível, o bebê é destruído. Se ela sentir que você protege a análise, talvez sinta que você é narcisista ao proteger o seu bebê em competição com ela. Mas se você interpretar tudo isso, ela vai perceber que, ao ser forte, você está de fato protegendo a análise e que o bebê-análise às vezes é seu, às vezes, é dela e outras vezes é de ambas.
Platéia: Depois do primeiro trecho da sessão, quando se falou da transformação da analista em lixo, houve um silêncio e ela continuou, em tom de lamúria: "Eu vinha pelo caminho, vi máquinas cortando um morro", etc. A senhora entende esse material como um movimento mais depressivo?
Platéia: A paciente, nesse mesmo trecho da sessão, refere-se a uma casa antiga que é destruída e a um prédio novo que se constrói. O que a senhora pensa sobre mudança psíquica e medo de colapso, a partir dessas imagens apocalípticas?
Hanna Segal: Em relação à primeira pergunta, não estou convencida de que a paciente esteja realmente triste por chegar ao prédio da analista e ver guerra e destruição. No segundo trecho da sessão, ela refere-se à mesma cena dentro dela, de que seu trabalho transforma-se em lixo. Nessa segunda passagem, o que há de mais importante é o desejo de evitar conflito. (O artigo dela contém conflito.) Não quero dizer que tudo poderia ser interpretado nessa única sessão, mas gostaria de salientar algumas áreas. Ela não quer um confronto político aberto sobre quem deixa quem, quem tem ciúme de quem. Prefere um lixo anônimo a entrar em contato com um conflito político. Na segunda passagem, a queixa é semelhante: o edifício é destruído e, como a segunda pergunta apontou, quando se tenta construir um novo edifício, não dá certo. Eu teria dado uma outra interpretação, um pouco antes da segunda passagem: mencionaria o fato de ela evitar o conflito e optar pelo lixo. Concordo que

ela está aterrorizada com a idéia de mudança psíquica. Ela não quer a luz, não quer nenhuma mudança psíquica porque isso iria expô-la ao conflito real.

Em relação à dúvida da analista sobre o motivo de ser tímida demais e não falar diretamente sobre essas questões, penso que a paciente projetou nela esse mesmo sentimento: "Eu também não quero iniciar uma guerra. Se eu abrir essas questões, ocorrerá uma guerra". Então, analista e paciente concordam que "o pepino foi torcido" lá atrás, na infância, e não aqui, agora.

A dificuldade não é só dos pacientes; os analistas também são humanos. A vida seria mais fácil para nós se não corrêssemos atrás do conflito, desafiando-o. Todos nós gostaríamos de concordar com os pacientes.

Apresentador: É interessante porque logo após essa sessão, quando começamos a ter quatro sessões por semana, ela expressou o medo através de uma questão ligada à aula de ginástica. Disse que tem muito medo de se esforçar: teme ter um enfarto se esforçar-se demais. Sempre teve esse medo, desde pequena, e eu associei isso à introdução da quarta sessão (aquela era a primeira semana com quatro sessões). Ela falou de uma lembrança que a perseguia: seu avô foi salvar o filho que se afogava e, quando voltou à praia, morreu de enfarto. Penso que isso se liga ao medo que ela tem de que eu seja incapaz de suportar sua violência.

Hanna Segal: Isso é bonito, porque confirma tudo o que foi dito. Algum processo criativo de fato aconteceu entre vocês, e a paciente está com medo de que seu coração não agüente. Ela tem também um medo terrível de que você morra, se se transformar em um pai bom que quer salvá-la. É bonita essa imagem de que ela teme por seu coração. Eu diria que ela está com medo de que, com quatro sessões por semana, seus sentimentos sejam tocados de fato; e está com medo tanto por não saber se vai suportar a dor, quanto por duvidar que a analista seja capaz de salvá-la nessa hora. Não sabe se a analista será capaz de agüentar sua agressão, mas também se, como um bom pai que ama o filho, ela será capaz de tolerar a dor da paciente. Eu não colocaria tudo isto em uma única interpretação longa, mas sim pouco a pouco, durante um longo período de tempo.

Apresentador: Achei interessante e acrescentei a passagem relativa ao avô porque dessa sessão para cá houve um movimento com a introdução dessa quarta sessão, que ela tem cumprido. Parece que ela está em um momento de mudança.

Hanna Segal: Mesmo sem lidar com a situação de uma maneira muito firme, a analista lidou o suficiente para a paciente reconhecer na analista um objeto que ajuda. Ainda assim, a paciente continua a ver a analista como frágil. Mas já não sente desprezo, e sim verdadeira dor depressiva.

Platéia: Que uso a analista poderia fazer de suas próprias vivências? Por exemplo: após a primeira fala da paciente, a analista diz que se sentiu no clima que a paciente apresentava, sem conseguir comunicar-se, e tomou a decisão de esperar um pouco. Essa vivência teria algum uso no trabalho?

Hanna Segal: Sim, sempre. A paciente refere-se ao lixo dentro dela, e afoga-se nesse lixo. Mas não tenho certeza se interpretaríamos isto naquele exato momento.

A essência da interpretação leva em conta a contratransferência, mas precisamos ser cuidadosos com a contratransferência. Afirmei em um artigo que a contratransferência é o melhor dos servos, mas o pior dos amos. Não se pode interpretar apenas com base na contratransferência. O conceito de contratransferência é agora muito usado também para encobrir os nossos erros. "O paciente me deixa confusa, o paciente me deixa zangada", etc. Quando essa questão da contratransferência estava muito em voga, um analista experiente disse, em uma supervisão com Melanie Klein: "O paciente deixou-me muito confuso. Ele projetou toda a sua confusão dentro de mim." E Melanie Klein contestou: "Não, meu amigo; você estava confuso."

Quando nos sentimos perdidos, é importante indagar: "De onde vem esse sentimento? O paciente está projetando em mim? Sou eu que não estou vendo claro?" Temos também de levar em conta que a maior parte da transferência é inconsciente. E o mesmo vale para a contratransferência.

Seria útil se o analista tivesse consciência de seus conteúdos psíquicos inconscientes, mobilizados pelo paciente, no decorrer da sessão e pudesse usá-los para entender o que se passa. Mas às vezes a verdadeira contratransferência só surge depois da sessão e temos de manter isso em um canto da mente, para usar no momento adequado. Talvez nem cheguemos a usá-la.

Então, a contratransferência é importante em seu devido lugar. Devemos nos deixar afetar pelo paciente, mas também precisamos guardar certa distância. Se o analista ficar excessivamente afetado, deve haver algo errado com ele. A contratransferência não deve ser um espelho da transferência.

Platéia: A senhora acha importante o trecho da sessão em que a paciente fala de R.? Apesar de falar de lixo e de caos o tempo todo, nesse momento o discurso da paciente se faz tocante, ao referir-se ao amante e ao aborto que se seguiu; depois ela fala do bebê que tem dentro e não sabe por que tem de matá-lo. A senhora vê nisso alguma patologia do amor? Será que a paciente está dizendo que, para ela, amar é sempre um perigo porque, quando ama, ela destrói e mata? Ela também faz isso com a analista? Quando vem à sessão, ela tem de matar a analista. Então, ela está falando sobre o que o amor lhe traz, isto é, o medo de matar.

Hanna Segal: O que você diz faz sentido. A paciente sabe que uma mudança psíquica poderia ser catastrófica. Mas ela põe a culpa do aborto em R.. Então, possivelmente ela teme amar a analista, pois, se o fizer, a analista irá abortá-la. O material está condensado demais para saber que uso poderia ser dado a esse trecho. Então, contentei-me em salientar que a paciente não fala do presente mas sim do passado, e que a culpa não é dela, mas sim de R. Há muita projeção pois mesmo na cena do jardim destruído, quem o destruiu não foi a paciente, mas seu pai.

Apresentador: Concordo no que diz respeito ao pai. Quanto a R., a paciente culpa-se por tomar decisões, como o aborto, baseadas em dados sem importância. Ela teve um *insight* de como toma decisões prejudiciais a si mesma.

Platéia: Gostaria de perguntar a respeito de desvitalização e vitalização do campo relacional. Vários elementos indicam um padrão de relacionamento a partir do pressuposto básico de ataque-e-fuga. A linguagem corporal dessa paciente é semelhante aos buracos negros da Astronomia: tudo parece convergir para uma sintomatologia física. Você se referiu ao ataque ao *setting*, mas se a analista não incluir linguagem psicossomática nesse contexto, como se poderia analisar diferentes níveis de linguagem, em que a alusão a "garagem", por exemplo, pode significar uma parte do corpo (como o útero vazio depois do aborto)?

Hanna Segal: Concordo que podemos relacionar isso ao aborto. Porém eu diria à paciente que eu falo de sentimentos, mas quando ela transforma em queixas corporais, tudo o que digo vira um monte de lixo, pois aí a analista não pode ajudar em nada. A analista não a pode ajudar, por exemplo, com os problemas ginecológicos. Há um constante ataque à mente da analista, e uma das formas desse ataque é a somatização.

Isso é importante, porque um dano mental é reversível, mas o que ela fez com sua fertilidade é irreversível. Parte da dificuldade dessa paciente em se aproximar da posição depressiva deve-se ao fato de que o dano que ela se fez é, até certo ponto, irreversível.

Seminário Clínico II

SEMINÁRIO CLÍNICO II

Apresentador: Escolhi este material clínico porque ilustra alguns pontos da análise de crianças sobre os quais gostaria de conhecer a opinião da Dra. Segal. São os seguintes: número de sessões por semana (atendo este menino duas vezes por semana, prática que acredito ser comum entre meus colegas em São Paulo); técnica de análise de crianças que não brincam, que padecem de uma concretude mental acentuada e que parecem funcionar predominantemente no processo primário (penso ser o caso deste meu paciente); alterações do *setting* (a análise desta criança se dá em parte na cozinha do meu consultório e em parte fora da sala de ludo). Acho que esses pontos merecem ser discutidos, sem excluir qualquer outro que venha a surgir neste encontro.

Pedro me foi encaminhado por uma colega. A família solicitara que o pagamento de seu tratamento fosse feito por um convênio médico, através de um sistema que reembolsa um determinado número de sessões por ano. A família paga 20% desses gastos e a instituição médica paga o restante. Foi esse o principal motivo que me levou a atendê-lo duas vezes por semana, pois os pais afirmaram que não teriam condições de arcar com o custo das sessões, nem de trazê-lo mais do que duas vezes. A irmã mais velha de Pedro faz fisioterapia e seu irmão mais novo faz tratamento fonoaudiológico, e assim a mãe tem pouco tempo disponível para meu paciente.

A mãe estudou hotelaria, mas parou de trabalhar quando a filha nasceu. Desde então é ela quem se ocupa de tudo o que se refere aos cuidados dos filhos e da família. O pai de Pedro trabalha numa empresa de arquitetura, na área de computação e desenho gráfico.

Pedro freqüenta a escola desde os dois anos de idade e parece que por lá sempre foi um grande causador de problemas. O pedido de avaliação psicológica foi feito pela escola. Ele quase nunca entra na sala de aula, é agressivo com os colegas sem motivo aparente, e só faz tarefas que o interessam, sem dar ouvidos aos pedidos e normas de sua professora. "Praticamente não tem amigos e no dia de seu aniversario só três crianças apareceram em sua festa; as outras dez nem avisaram, e muitas nem deram presente" — são as palavras indignadas da mãe. Ela me conta *tudo* sobre Pedro de forma tão ansiosa que não me dá tempo de responder.

Os pais notam algo de estranho nele desde bem pequeno, mas não sabem precisar o quê. Dizem que ele é distraído, que fica muito tempo numa única atividade como ler histórias ou pintar, mas é estabanado, esquece-se de todas as suas obrigações, é extremamente preguiçoso e desiste de qualquer atividade que lhe dê trabalho. Ou seja: Pedro "vive no mundo da Lua".

Começamos o trabalho em agosto do ano passado, quando ele tinha 5 anos. Na primeira sessão, estava maravilhado com a sala de ludo, com sua caixa, com o espaço do consultório, mas em nenhum momento solicitou-me: era como se eu só existisse para pegar algum objeto que ele não alcançava. Ele via tudo, fazia exclamações, mas não se utilizou de nenhum material e nem me propôs nenhum jogo.

Na segunda sessão a mãe o deixou comigo, ele entrou na sala de ludo, começou a ver o material de sua caixa e rapidamente saiu da sala à procura da mãe, que já não estava na sala de espera: tinha saído, sem nos avisar. Pedro ficou desesperado durante alguns segundos, logo ficou deprimido, sentou-se em frente ao portão, choramingando e tremendo. Estava frio, ofereci-lhe um casaco, procurei conversar com ele sobre sua dor, mas não havia consolo. Coloquei-me fisicamente bem próxima dele para manter o contato mas ele recusou, assim como havia recusado o casaco, e me pediu para ficar longe. Encontrei um lugar distante, em que ele poderia me ver. Tentei conversar e ele me pediu silêncio. E assim ficamos até que sua mãe retornou e espantou-se com o que viu, mas logo atribuiu esse quadro desolador a um resfriado.

Quando me coloquei distante dele, em muitos momentos seus olhos me procuraram, mas de forma disfarçada, para que eu não percebesse que ele me procurava. Pensei que ele nunca mais fosse voltar.

Nas sessões seguintes sua principal atividade foi misturar tintas. Começou misturando freneticamente no papel, mas o que o interessava não era a pintura. Misturava as tintas e depois perguntava: "*Que cor é essa?*" — embora aparentemente não prestasse a mínima atenção à minha resposta. Encontrou uma bacia de plástico e passou a misturar dentro dela as tintas com água. Nessa bacia ele colocava também pedaços de papel, giz, lápis e depois examinava tudo, rapidamente. Denominei essa atividade de "experiência". Não havia nenhuma preocupação aparente com o término das tintas, que eram usadas abundantemente: quando um tubo acabava, ele simplesmente pegava outro.

O que mais me impressionou, nesse período de sua análise, foi sem dúvida sua corporalidade. Pedro não tinha propriamente um problema psicomotor, mas um lado de seu corpo desconhecia o outro. Freqüentemente os dois lados de seu corpo trombavam e a trombada não era percebida. Por exemplo: com a mão direita ele segurava um tubo de tinta, e com a esquerda um lápis; sua atenção estava voltada para a mão com a tinta, e ele esquecia que tinha um lápis na mão esquerda. Enquanto a mão direita jogava tinta no papel, o lápis caía em cima da tinta, mas ele não notava, continuava a sua "experiência". Poderia ser um copo de água no lugar do lápis, não faria diferença: a sala de ludo ficava uma bagunça. Mas seu humor não se alterava, porque para ele nada havia acontecido, nem mesmo quando eu falava sobre isso. Acho que só dava ouvidos ao que lhe interessava, só prestava atenção ao que lhe era agradável.

A divisão corporal poderia ser feita entre esquerda e direita, ou entre as partes superior e inferior. Às vezes, só uma parte do seu corpo trabalhava numa tarefa, o resto parecia ter vida própria. Era o caos, mas ele não percebia nada. Ao final dessas sessões, quando a sala de ludo parecia um campo de batalha, Pedro saia rapidamente e me deixava com o trabalho de arrumar tudo.

Ele se entregava às tarefas que realizava com o ardor de um santo — e o resto do mundo perdia o interesse. Eu não existia para ele. Fazia tudo sozinho, não me procurava para brincar em nenhum momento.

Um dia, ele se esticou todo para pegar um tubo de tinta que a meu ver não estava tão distante assim, e fez uma cara de cansaço. Eu disse que ele gostaria de ser um bebê, porque acreditava que os bebês não tinham trabalho com nada, nem mesmo para pegar tinta. Ele se deitou, enrolou-se numa toalha que, a seu pedido, ficava na caixa de ludo para limpar o pincel e secar as mãos (ir ao banheiro lhe era muito custoso), e me pediu que cantasse *nana-nenê*. Comecei a cantar, ele se encolheu todo e ficou rindo; então, comecei a introduzir na canção minhas interpretações. Cantava o refrão e depois cantava sobre seu desejo de um mundo sem trabalho, de uma mãe só para ele e falava a respeito de um sentimento ruim, de eterna insatisfação, que ele tinha. Minhas interpretações eram guiadas pelos sentimentos que eu experimentava.

Depois dessa sessão, ele tentou de tudo para resgatar aqueles momentos. Pediu-me travesseiros e almofadas, parecia um amante desesperado tentando refazer um primeiro e maravilhoso encontro. Mas nenhum momento foi igual àquele, e de vez em quando eu tentava dizer-lhe isso. Como ele só ouve o que lhe interessa, demorou algumas semanas para desistir de reconstruir o cenário original. Eu me sentia numa farsa: ele me implorava que fizesse a mágica novamente, mas ela não funcionava mais.

A partir de então, ele interessava-se por jogar bola com violência e por cordões, com que amarrava a sala. Ele se relacionava comigo — e ainda se relaciona — como se eu fosse um robô, que está no mundo para servi-lo.

Sua última sessão antes das férias foi significativa, em termos do progresso em nossa relação e na forma de comunicar-se comigo. Ele amarrou toda a sala com cordões, sempre pedindo minha ajuda quando lhe era difícil completar uma tarefa. Interpretei seu receio da separação, seu desejo de manter-nos grudados. Ele, que jamais havia respondido verbalmente a qualquer intervenção minha, na hora de ir embora disse: *Eu acho que você está certa.*

Pedro voltou das férias de janeiro sem vontade de entrar na sala de ludo. Pegava um gibi na sala de espera e lia como se eu não estivesse ali. Ele me desprezava. Muitas vezes, depois de várias interpretações, sempre dadas de acordo com os meus sentimentos no momento, ele entrava na sala e jogava comigo algum jogo de competição, que ele ganhava. Arrogantemente pegava os jogos, dizia que sabia jogar, que conhecia as regras, e jogava todos no mesmo estilo: o peão que chegasse antes ganhava — e o meu sempre perdia.

Às vezes, ele se recusava a entrar na sala de ludo e eu falava de meus sentimentos, me arriscando a dizer o que achava que ele sentia em relação a mim. Esperava um pouco ao seu lado, depois ia para a sala de ludo. Da sala de espera, ele fazia algum barulho para chamar minha atenção. Eu ia ver o que acontecia e isso se transformava numa brincadeira de achar e esconder. Mas ultimamente ele estava desgostoso comigo, não queria vir às sessões e quando chegava, trazido à força pela mãe, lia gibis e fingia que eu não existia.

Muitas vezes, depois de minhas interpretações, ele se dispunha a entrar na sala de ludo, começávamos a jogar um jogo, mas o tempo da sessão terminava e ele se recusava a sair, ou ficava muito sentido comigo. Até que um dia, ele lia uma história em que havia o desenho de um biscoito, e eu estava inutilmente sentada a seu lado. Ele se levantou e disse: *Vou fazer um biscoito!* e correu em direção à cozinha. Não o impedi, nem lhe propus brincar de comidinha na sala de ludo. Foi tudo muito rápido, mas com meu consentimento. Fiquei curiosa para ver no que ia dar aquilo.
Pedro abriu a geladeira, dizendo que ia fazer um *milkshake*. Pegou um limão, pediu ajuda para encontrar uma faca e lhe indiquei a gaveta. Com minha ajuda, cortou o limão, pegou o liqüidificador (que ele chama de "liqüidodificador") e espremeu o limão, colocou água, manteiga, requeijão e bateu tudo, sempre solicitando minha ajuda quando não sabia o que fazer.
Olhou o líquido e disse, com toda a certeza do mundo: *Tá faltando ovos e queijo ralado*. Então, com surpreendente habilidade, quebrou os ovos, colocou o queijo e bateu tudo de novo. Lembrei-o da necessidade de colocar a tampa no liqüidificador e ele me atendeu. Colocou sozinho o líquido no copo e, antes de tomá-lo, disse: *Que delícia!* — e tomou um grande gole. Ao terminar o gole, disse: *Que droga! Ficou horrível! Que foi que eu fiz?* Eu lhe respondi que para cozinhar era preciso método, e ele me perguntou o que era método. Expliquei que é preciso saber que coisa combina com que coisa, o que deve ser posto antes e depois, que existe uma ordem na colocação dos ingredientes e que quem cozinha obedece a alguma receita.
Pedro me pediu que eu experimentasse o seu *milkshake*. Eu me recusei. Ele tomou outro gole, bem pequenininho, e continuou horrível. Foi até a sala de ludo, sentou-se e me perguntou: *Como é mesmo? Método?* Eu lhe disse que ele estava decepcionado com o resultado de sua culinária, que ele fez tudo de cabeça e com tanta certeza, que era difícil se conformar que daquele seu jeito a experiência não tinha dado certo. E também que eu percebia que ele estava curioso para saber como se faz para dar certo, e por isso ele queria saber o que era método. Nosso tempo estava no fim e ele se foi sem reclamações.
Nas sessões subseqüentes, Pedro manteve o mesmo jeito de entrar, pegar os gibis, ler um ou dois; eu interpretava seu movimento e

ele ia em direção à cozinha dizendo: *Vou fazer um bolo de chocolate!* Abria as gavetas, procurava tudo sem falar comigo, e ficava perdido. De minha parte, eu tentava fazer na cozinha mais ou menos o que faço na sala de ludo, e só interferia quando percebia que Pedro havia esgotado os seus recursos de investigar ou de "alucinar" como se faz um bolo de chocolate. Ele então me solicitou uma receita, que eu não tinha no consultório mas me comprometi a trazer.

Na sessão seguinte ele entrou do mesmo jeito, com aquele descaso em relação à minha presença, leu seus gibis e, depois de algum tempo, me convidou para fazer o bolo de chocolate, perguntando se eu tinha trazido a receita e os ingredientes. Disse que sim, e dei-lhe a receita que ele começou a ler animadamente. *Já sei! Ovo.* Perguntei-lhe como sabia que ali estava escrito ovo. Pedro me olhou desanimado e confessou que não sabia. Sugeri que era preciso criar um sistema de leitura (nessa época ele não sabia ler, está aprendendo agora) para transformar a receita em desenhos. Concordou um pouco aborrecido, mas o *milkshake* logo foi lembrado e nós dissemos praticamente juntos: *Lembra do milkshake?*

Ele conhece os números e desenhou os ingredientes enquanto eu lia a receita, mas achou a atividade muito cansativa. Percebi que ele queria tudo mastigado. Enquanto se fazia essa preparação, nosso tempo terminou e ele não entendeu, pois tinha acabado de entrar na cozinha. Lembrei-lhe dos gibis e afirmei que só podíamos ficar juntos por um período determinado de tempo, que eu não estava eternamente disponível, que eram essas as minhas condições. Disse também que eu via que ele achava que eu tinha todo o tempo, e que por causa disso se sentia perdendo: afinal de contas, não dava tempo mesmo. Mas ele é que não tinha me procurado antes, embora eu estivesse disponível todo o tempo da sessão — mas só esse tempo. Cabia a ele escolher como usá-lo.

Aprendeu a ler o ponteiro grande no meu relógio e agora, depois de algumas decepções, controla o tempo a partir do momento em que entra na cozinha. Ele aprende rápido, mas não sei se o método alucinatório é ainda soberano ou se lhe falta capacidade para generalizar suas descobertas, pois elas parecem ficar setorizadas.

Continuamos a trabalhar na cozinha. Sua forma de entrar não mudou. Às vezes penso — e digo — que ele me pune por ter terminado a sessão anterior. Outras vezes falo de seu ódio em relação a meus limites. Uma única vez ele respondeu: *Tá bom, eu vou cozinhar, mas depois você vai estar perdida de novo.*

Ele agora cozinha com habilidade, interessa-se em saber de onde vem o leite condensado do brigadeiro *(Você compra?)*, traz receitas e livros de casa. Está menos preguiçoso e faz quase tudo sozinho, até a parte que acha nojenta, como untar a forma de bolo. Mesmo depois de queimar o dedo no brigadeiro fervendo e de ficar num estado semelhante àquele em que ficou em nossa segunda sessão, aceitou os meus cuidados, embora tenha me odiado profundamente por uma sessão inteira e me punido com sua indiferença. Aprendeu que na cozinha a gente se queima e agora toma cuidado, pois não perdeu o interesse em cozinhar, nem em comer o que faz.

Pedro prefere comer cru: faz a massa do bolo e a sorve como se fosse um bebê sôfrego mamando no seio. Os barulhos são os mesmos. Isso se dá sempre ao final de nossas sessões. Eu me pergunto: a serviço de que está a cozinha neste momento de nosso trabalho? Está a serviço de discriminação, do processo secundário, ou é apenas um jeito sofisticado de mudar sem mudar nada? Acho que a culinária foi importante, mas hoje tenho dúvidas a respeito de seu uso, porque me assusto com o caráter regredido de Pedro.

Hanna Segal: Gostaria de saber em que tom ele disse: "Eu vou cozinhar, mas depois você vai ficar perdida de novo." Era triunfante ou triste?

Apresentador: Triunfante.

Hanna Segal: É o que pensei. Faz muita diferença se o tom foi triunfante ou não.

Proponho conversarmos sobre a questão do *setting* e responder às perguntas. Depois, podemos fazer um intervalo e ver a sessão.

Eu me senti provocada quando ouvi essa introdução sobre a maneira de fazer o contrato de análise, porque essa é a questão que divide as Sociedades de Psicanálise e eu não queria entrar nessa briga. Mas como você perguntou, vou dizer o que penso.

Em primeiro lugar, temos de encarar a realidade: nem todas as crianças que precisam de análise podem fazer análise. Acho muito corajoso aceitar um menino como esse duas vezes por semana. Fica claro que você o ajuda; há movimento. Mas o que está em questão é se isso é ou não análise.

Há muita diferença entre o que, em Londres, chamaríamos de "psicoterapia de orientação psicanalítica" e uma psicanálise. Não cabe num debate abstrato discutir até que ponto isso faz diferença, mas o nome que se dá ao processo é importante. Uma criança deveria ter análise quatro ou cinco vezes por semana, mas espalhou-se a crença de que é possível fazer análise com duas sessões semanais.

Com adultos, sempre deixo claro que psicanálise é um processo que exige pelo menos quatro sessões por semana. Pais como os de Pedro, que dependem de um convênio de saúde, não se importam com o nome que se dá ao tratamento. Muitas vezes, com adultos, quando essa situação se impõe, digo que não posso atendê-los, pois o que eles procuram não é psicanálise e eu não faço psicoterapia; então, eu os encaminho a alguém que faça. Mas é surpreendente a freqüência com que eles mudam de idéia quando explicamos claramente que fazer psicanálise com um psicanalista implica quatro sessões por semana. Se realmente não podem, explico que conheço bons psicoterapeutas a quem poderia encaminhá-los. Isso não significa que eu desmereça os outros tratamentos. Muitos analistas bons fazem psicoterapia de orientação psicanalítica.

A questão não é tanto o esforço que se faz para convencer as pessoas a aceitar quatro sessões por semana, mas sim as pessoas que fazem "análise" uma ou duas vezes por semana, e depois afirmam que fizeram cinco anos de psicanálise sem nenhum resultado. Eu digo que elas nunca fizeram cinco anos de psicanálise. A psicanálise pode falhar, mas elas não sabem disso, porque não experimentaram. Não são só os pacientes que afirmam que não precisam ter cinco sessões por semana, mas o mito de que se pode fazer análise com duas sessões por semana espalha-se e já começa a afetar os cursos de formação de analistas.

Todas essas afirmações baseiam-se em minha convicção de que o número de sessões faz diferença. O problema é que não se pode discutir essa convicção sem material clínico. Quando se faz análise cinco vezes por semana, ou pelo menos quatro vezes, estabelece-se um padrão de uma semana de trabalho seguida por um intervalo. O compromisso é emocionalmente diferente se há um desequilíbrio, em que os encontros são esporádicos e há ausências a maior parte do tempo. Os pacientes não sentem que há continuidade no trabalho. No caso de pacientes muito perturbados, que não lidam bem com separação, tanto o paciente quanto o analista têm um comportamento diferente, e o analista inconscientemente teme fazer interpretações que possam transtornar o paciente.

Quando o Dr. Hebert Rosenfeld começou a trabalhar com psicóticos, fazia sete sessões por semana e mesmo assim a ansiedade de separação era aguda. Depois, ele reduziu para seis vezes por semana, pois tinha de haver limites claros e ele percebeu que nem mesmo ele era capaz de trabalhar os sete dias da semana.

O *setting* é importante pois ele representa e contém a estrutura mental do analista. O que o *setting* deveria oferecer? Em primeiro lugar, estabilidade — aí incluída a pontualidade do analista, que é parte importante do *setting*. Outra condição é que o *setting* não deve ser modificado em função de fantasias e ações dos pacientes, que sempre tentam atacá-lo, pois isso faz com que se sintam onipotentes e eles querem onipotentemente criar um paraíso. O controle do *setting* é importante porque quando há modificações, em vez de se lidar com pensamentos e idéias, lida-se com comportamentos, especialmente no caso de pacientes com dificuldades de comunicação simbólica, que tendem a se comunicar através do corpo, pois não têm continência em suas próprias mentes: sua única continência está na mente do analista. Quando sentem que podem invadir a mente e o corpo do analista, a dificuldade de simbolização aumenta, pois o ambiente confirma essa crença. Isso não os ajuda a aprender a simbolizar e o analista estará contribuindo para aumentar suas dificuldades. Os problemas de identidade do paciente acentuam-se, porque ele não vê diferença entre a sala de ludo, que é oferecida a ele, e a cozinha, que é uma área da vida particular e do corpo da analista.

Esse menino é interessante. Ele não é autista, mas psicótico. Pode ter extensas áreas autistas, mas não é autista. Na primeira sessão, ele se comporta quase como uma criança autista: não fica ansioso por ser deixado pela mãe, usa o material disponível mas parece que para ele não faz diferença se quem está presente é a mãe ou a analista. Já na segunda sessão ele está mais difícil, mas é uma criança menos perturbada: perde a mãe, procura por ela, chora, é um pouco infantil para uma criança de 6 anos, mas é compreensível. É possível interpretar seu sofrimento, como fez a analista; é possível conversar com ele, por exemplo, sobre a transferência, dizendo que quando a mãe vai embora ele não sabe onde ela está e fica com essa pessoa má, que não é mãe dele.

Você disse que se aproximou fisicamente dele. Você tocou nele?
Apresentador: Não.
Hanna Segal: Ainda bem, pois ele deixa claro que você é um perseguidor. Numa das sessões ele faz experiências e isso é positivo: ele explora, pede que a analista nomeie os objetos. Mais tarde, encontra uma bacia de plástico e coloca objetos dentro dela. Ele está dizendo claramente que se sente confuso, que procura por um continente que receba e contenha a mistura de cores. Para ele, o

nome de um objeto é como um continente. Mais tarde, a analista poderia fazer uma ligação entre o físico e o mental.

Atendi uma menininha menos perturbada do que ele, que conhecia os nomes das cores. Ela fez um círculo colorido, antes de um feriado, e me pediu para nomear todas as cores. Para ela as cores representavam emoções, e ela queria que eu nomeasse as cores para que suas emoções ficassem compreensíveis e ela pudesse contê-las.

Em seguida, você mencionou a falta de coordenação motora do paciente. Como você interpretou isso?

Apresentador: Comecei chamando sua atenção para a situação de caos em que a sala ficava. Com o tempo, me dei conta de que aquela bagunça tinha a ver com sua destrutividade. Era isso que eu tentava interpretar para ele.

Hanna Segal: Você deu uma boa interpretação quando disse que ele queria ser um bebê, e ele respondeu bem tentando fazer tudo aquilo. É uma boa resposta.

Apresentador: Naquele momento, ele estava coordenado. Esqueci de mencionar que ele pôs a caixa de ludo muito perto dele e tirava os brinquedos de dentro e ficava olhando, tal como um bebê brincando com objetos no berço.

Hanna Segal: É uma seqüência bonita, que mostra o progresso do processo. Mas quando ele se recusa a escutá-la, eu apontaria que ele acredita que objetos podem substituir a presença ou a fala da analista. Possuir objetos faz com que ele sinta que possui a analista e então não importa se ela fica ou vai embora. Ele odeia quando você fala, pois tem de se dar conta de que você é a pessoa que lhe dá os objetos. Quando você estiver longe, ele sentirá falta da sua presença e da sua fala, não das almofadas. Esse é o aspecto destrutivo da tendência a transformar instâncias mentais em objetos físicos. Mas quando ele amarra a sala com cordões, mostra que aceita a interpretação de que vai sentir a sua falta, não a das almofadas. Depois da interrupção, emerge sua verdadeira patologia, relacionada com arrogância, inveja, destrutividade e onipotência.

"Às vezes eu falo dos meus sentimentos". Você diz o que sente, ou o que ele quer que você sinta?

Apresentador: Falo do que acredito que ele quer que eu sinta, ou acha que sinto, como na sessão que vou apresentar.

Hanna Segal: Pergunto porque é bastante comum — e eu não considero que seja análise — expressar os próprios sentimentos para o paciente.

O episódio da cozinha confirma que é preferível um *setting* que não dê acesso a lugares como cozinhas, porque é um tormento para uma criança ver esses espaços sem poder entrar neles. É claro que o menino sente o que fez: invadiu o seu interior. Foi ele quem fez os biscoitos; ele só precisa de você como um objeto rico do qual pode roubar bens valiosos. Quando recebe receitas ou informações de você, ele também está atrás de conhecimento, não de compreensão, mas de conhecimento factual, que ele pega de sua mente, assim como pega de sua geladeira leite e outras coisas que não são dele. Depois ele diz: "Falta alguma coisa. Fiz uma coisa horrível." Eu consideraria não só que ele fez o que não podia fazer, mas também que sente que fez algo horrível ao abrir a geladeira, pegar o que está lá, fazer seus doces, pois falta alguma coisa — que é a compreensão. Sem esta, o que ele faz é um roubo, tanto de objetos quanto de conhecimento.

De alguma maneira, falta tudo. Eu não traria receitas nem lhe daria informações, pois isso aumenta sua onipotência e, conseqüentemente, seu desespero e sentimento de perseguição. Ele deseja que você forneça material que alimente seus delírios e depois entra num estado de confusão sobre quem é quem, e vive o terrível desespero de que o *setting*, a mente da analista, tudo o que lhe dá estabilidade, possa desaparecer.

Depois, a analista refere-se às suas condições, mas não lida com o fato de que, quando ela o deixou entrar na cozinha, foi ele quem impôs as condições para o relacionamento dos dois. A afirmação: "Eu vou cozinhar, mas você vai ficar perdida de novo" é megalomaníaca, mas é ao mesmo tempo uma declaração de desespero. Há um trecho em que ele se queima e sente muito ódio: é ódio da dependência.

Platéia: Observando o material, tive uma outra impressão a respeito desse garoto com a analista. Ele veio de fato muito contraído, com pouca expansão em sua vida, com uma mãe distante de seus problemas, atendendo às necessidades domésticas e à outra filha, e um pai artista plástico. O garoto tem muito campo de comunicação, uma pré-concepção forte, com um bom potencial para comunicar-se. Tanto isso é verdade que, quando encontra a analista, parece que começa a expandir seus canais de comunicação. Independentemente da analista, ele busca esses canais, através das tintas ou do pincel. Se ela quer falar sobre um nenê, ele se torna o nenê; se ela quer falar sobre o bolo, ele faz bolo: quer encontrar-se com ela.

Quando vejo um quarto de criança com objetos espalhados, muita bagunça, considero isso como sinal de que esse espaço é habitado por uma criança que brinca.

Hanna Segal: Também vejo lados positivos nesse menino, porque ele se comunica e a analista o está ajudando a sair de uma patologia grave. É bastante grave a condição de uma criança de 6 anos que só é capaz de misturar tintas, ainda mais se lembrarmos que o pai é artista. Na minha opinião, esse garoto não é autista e há momentos de contato verdadeiro. Mas esses momentos são raros e a analista tem de trabalhar muito para obtê-los. Do jeito que a mãe o descreve, provavelmente ele é muito expansivo, vive num devaneio que mata sua vida: ele não pode cozinhar, não pode pintar, não pode desenvolver nenhuma atividade verdadeiramente criativa.

Platéia: Você se referiu à importância de manter o *setting* e sugeriu que a analista não deve trazer receitas nem ingredientes para a criança.

Hanna Segal: Não quis dizer que ela não deveria trazer ingredientes, mas sim que não deve atender as exigências dele. Ele grita com raiva: "Quero mais disso, quero mais daquilo!" Ela não deve dar automaticamente o que ele exige, pois ele tenta fazer tudo conforme seu próprio método e quer pegar não só os objetos, mas também todo o conhecimento contido neles.

Esses são aspectos sutis, que se apreendem com a experiência. Por exemplo, se uma criança rasga todo o papel que recebeu e pede mais na sessão seguinte, eu não daria automaticamente. Depois de algum tempo, forneceria um pouco de papel em cada sessão, para que ele não ficasse sem nada, mas sem lhe dar a possibilidade infinita de rasgar tudo.

Apresentador: Queria informar que Pedro não entra na cozinha há cerca de um mês. A cozinha já não tem o menor interesse para ele. E para mim é um alívio não estar mais na cozinha também... Essa escolha foi dele, não minha.

Vou apresentar agora uma sessão de duas semanas atrás.

Cheguei na sala de espera no horário combinado e Pedro já estava "lendo" um gibi. Eu o cumprimentei e ele continuou lendo, como se eu não existisse.

Analista: *Acho que virei a mulher invisível, como um fantasma que você não percebe, porque não existe.*

Pedro continuou a "ler" seu gibi. Eu continuei com o mesmo sentimento, o de ter sido "desaparecida".

Analista: *É, acho muito ruim ser um zero à esquerda. É ruim sentir isso, desaparecer, ser excluída... Imagino que você detesta sentir o que estou sentindo. Quando percebe que sua mãe está com seu pai ou com sua irmã, aposto que você se sente como estou me sentindo agora: você sente que desapareceu!*
Pedro continuou a "ler", nem olhou para mim. Eu continuava invisível.
Analista: *Bem, além de eu estar invisível, você não me escuta. Então, fiquei surda-muda. Isso sim que é desprezo! Tô pior do que zero à esquerda!*
Esperei, sentada ao seu lado durante alguns minutos. Nossa situação permanecia a mesma: eu invisível e ele fazendo ativamente com que eu me sentisse assim. Resolvi ir para a sala de ludo e avisei Pedro.
Analista: *Vou ficar sem fazer nada lá na sala de jogos, tá bom?*
Fui para a sala de ludo e fiquei só, esperando (tremendamente só, na verdade). Após alguns minutos, ouvi um barulho na sala de espera, um trecho de música, um som muito breve. Voltei para a sala de espera, onde Pedro estava, e comentei que ouvira um som, um barulho. Perguntei se ele também havia escutado. Ele não respondeu e virou de costas, como se eu não existisse. Voltei para a sala de ludo, na dúvida se havia mesmo escutado um som vindo de Pedro. Ouvi então outro ruído e fui novamente até Pedro.
Analista: *Você viu um gatinho por aqui? Porque acho que ouvi um gatinho miar.*
Eu tinha ouvido um miado. Ele quase olhou para mim e fez "não" com a cabeça, um "não" bem rápido e curto. Então, voltei para a sala de ludo e ouvi um miado bem forte. De novo perguntei a Pedro se ele ouvira. Ele, por sua vez, negou com mais ênfase.
Analista (num tom misto de brincadeira e desespero): *Acho que estou ficando louca. Ouço coisas que você não ouve, vejo coisas que você não vê.*
Retirei-me para a sala de ludo e de lá ouvi um barulhão, como se fosse uma batida na madeira. Voltei correndo, meio assustada meio brincando, para ver o que estava acontecendo. Ainda não tinha certeza se estávamos brincando. Pedro não estava mais lá. Por alguns instantes, fiquei na dúvida se estávamos brincando de esconde-esconde ou se ele se fora do consultório, sem avisar. Em seguida, comecei a procurá-lo pela casa e, como estávamos sós, eu falava

alto, num tom que era uma mistura de brincadeira com sentimentos verdadeiros:
Analista: *Ai, o Pedro sumiu! Meu Deus! O que vai acontecer? Onde está esse menino? Ele gosta de me deixar com medo, muito medo...*
Vi que ele estava escondido atrás da cortina da sala de estar, uma sala onde fica o telefone e alguns livros. Preferi brincar um pouco mais, dramatizando meu desespero por tê-lo perdido. Fui-me aproximando lentamente da cortina e ele fez um barulho de tigre. Considerei como um sinal de que ele gostaria de ser descoberto.
Analista (puxando a cortina): *ACHEI!*
Paciente (rindo): *Guarda isso para mim na sala de jogos* (ele segurava um aviãozinho na mão, feito de Lego) *e conta até dez.*
Obedeci. Ele se escondeu, ao lado da sacada da sala de ludo, fazendo um barulho que lembrava um tigre ou um macaco. Eu estava dentro da sala de ludo, num terracinho; ele estava do lado de fora, atrás de uma árvore. Eu podia ver onde ele estava.
Analista: *Tenho medo de bicho-papão! Ouço um tigre-macaco-papão que quer me comer.*
Pedro saiu do esconderijo e me deu o maior susto. Ele me pareceu muito excitado com a brincadeira de esconder e assustar, e eu lhe disse isso. Então ele me pediu que eu contasse até 1000, depois reconsiderou no meio da minha contagem, reduzindo para 100 e, em seguida, para 10. A brincadeira estava muito animada. Enquanto brincávamos, disse-lhe mais uma vez que era bom se esconder e me deixar com medo, mas que ele também tinha medo de ficar desaparecido. A brincadeira tomou outra forma, percebi que Pedro desejava me assustar, mais do que ser encontrado.
Por duas vezes ele se escondeu sob o divã (no andar superior). Enquanto procurava por ele, eu me sentei e ele me atacou, tigre-macaco-papão. As emoções eram intensas.
Paciente (parando e olhando pela janela): *Eu vim do telhado. Fui até lá e voltei.*
Na hora foi tudo muito rápido, tive a impressão de que era humanamente impossível alguém voar como ele me falava.
Analista: *Acho que você quer ser o Super-homem para nunca sentir medo.*
Pedro desceu as escadas, entrou na sala de ludo, pegou um jogo na prateleira e me convidou para jogar, dizendo que o jogo era novo. Confirmei, ele abriu o jogo. Dentro da caixa havia giz de

cera, um pano e duas lousas. Ele me pediu um desenho e eu desenhei um menino.
Paciente: *Quero fazer um igual ao seu!*
Em sua lousa ele desenhou um menino com os braços e as pernas muito fortes. Eu lhe disse que se parecia com *Popeye*. Ele confirmou e fez um chapéu de *Popeye*. Então desenhou *Brutus* e latas de espinafre.
Analista: *Você gostaria de ser assim, muito forte, para nunca sentir medo de nada.*
Logo depois acrescentei que estava na hora de terminarmos. Ele apagou os desenhos lentamente com o pano, relutando em sair. Disse-lhe que compreendia como era chato ter de parar de fazer uma coisa gostosa. Ele saiu, sentou-se na sala de espera e pegou um gibi. A mãe chegou imediatamente, e ele nem olhou para ela, continuou a ler o gibi.
E eu fui embora.

Hanna Segal: O começo da sessão é muito bom e claro, e a analista trabalhou bem, mostrando os vários níveis em que as coisas se passam: tudo indica que os dois não podem existir. Quando ela entra no devaneio onipotente do paciente, de querer aniquilar o outro, o menino fica com medo de ser aniquilado. Acho corretas as interpretações da analista de como ele sente que não existe quando não cuidam bem dele; e de como ele inverte a situação: faz com que ela desapareça ou talvez, pior ainda, fique surda-muda.

Quanto ao trecho do gato miando, acho boa a interpretação da analista, sinalizando que ele quer que ela pense que está alucinando, projetando para dentro dela suas próprias incertezas sobre o que é real e o que não é. Mas eu diria também que talvez não seja uma alucinação, e há de fato um gato ou bebê excluído que chora — e é isso que ele faz desaparecer. Este trecho liga-se ao começo da sessão, quando ela interpreta que talvez seja pior ser surdo-mudo do que desaparecer. Talvez ele sinta que é tão ruim ser esse bebê excluído, que não só ele faz a analista desaparecer, mas também se faz surdo a esse bebê que chora dentro dele.

Então, vem a seqüência do jogo de esconde-esconde, quando ele se esconde e quer ser encontrado. É verdade que esse *self*-bebê tem de ser encontrado, mas eu também relacionaria essa idéia com os sentimentos que ele tem quando a mãe desaparece e quando a analista desaparece no final da sessão, porque esse jogo, que fica cada vez mais maníaco, esconde o choro do bebê que ele não quer ouvir. Talvez ele fique muito assustado quando é ele o bebê que chora, e isso faz com que queira inverter a situação e colocar a analista nesse lugar. O fim da sessão traz o tema de sua onipotência e o quanto essa onipotência tem a ver não mais com medo, mas com terror.

Platéia: Você poderia explicar um pouco melhor esse terror?

Hanna Segal: Acho que o bebê assustado é o terror, mas pouco sabemos sobre a causa do terror. Poderia ser um terror relativo à analista como perseguidora, porque ele quer que ela desapareça. Não sabemos ainda. Mas penso que a onipotência dele tem a ver com inveja quando a analista está com ele, e com medo de privação quando ela não está. Nesse momento, parece que ele fica onipotente por causa do medo. Gostaria de saber se esse tema é novo.

Apresentador: É novo. A brincadeira também é praticamente nova, porque ele manteve contato comigo essa sessão inteira.

Hanna Segal: Pode ser que ele esteja mais próximo de confessar a causa do medo, como confessou na sessão anterior que sentiu falta da analista. Mas é um tema novo, temos de ser pacientes. Sabemos que o tema se refere ao medo, mas não sabemos muito mais. Acho a nova brincadeira mais representativa e simbólica: brincar de perder e estar perdido, perder a mãe e se perder da mãe.

Platéia: Gostaria que você comentasse a situação de a analista sair da sala ou aguardar dentro da sala de ludo.

Hanna Segal: Geralmente acho melhor esperar na sala de ludo, mas quando crianças muito pequenas vão à sala de espera, se escondem e não saem, vale a pena sair da sala de ludo e dar alguma interpretação. A sala de espera é diferente da cozinha, pois está dentro dos limites do paciente, faz parte do que lhe é oferecido. Às vezes as crianças ficam tão claustrofóbicas na sala de ludo que não voltam, a menos que se interprete a ansiedade. Mas se você sentir que ela faz isso predominantemente para manter o poder, para que se corra atrás dela, não se deve atendê-la.

Platéia: Parece que a brincadeira está mais sofisticada do que no início. Agora o menino brinca de punir a mãe por sua ausência, através da analista. Essa atitude desenvolve-se da brincadeira de esconde-esconde até chegar à brincadeira de desenhar figuras idênticas, de se identificar com a analista, como uma maneira de se aproximar dela.

Apresentador: Às vezes também tenho a impressão de que o menino se identifica com o que lhe proponho, como uma forma de aproximação e cooperação. Ele admira muito meus desenhos e, quando ele me pede, eu faço.

Hanna Segal: Concordo que há progresso, como concordo que há cooperação por parte dele, mas acho que é cedo. Essa nova brincadeira parece mais com as brincadeiras de crianças neuróticas; mas ainda há negação da perturbação real dessa criança: por exemplo, não ouvir o choro do gato.
Apresentador: Eu me preocupo com este paciente porque muitas vezes, quando acho que estamos progredindo, sinto que ele dá uma volta e começa tudo de novo. O processo primário, o método alucinatório retornam como recursos de funcionamento. Às vezes o desenho começa como uma forma de comunicação, como outras que já tivemos, e de repente parece que o desenho o suga, levando-o novamente para uma posição autista ou alucinatória.
Hanna Segal: Isso é importante. Você está descrevendo a reação terapêutica negativa violenta. É claro que ele não tolera dependência nem admiração. Percebe que, se progredir, isso significa que o trabalho da analista está funcionando e ele fará tudo para destruir esse trabalho, não de uma maneira neurótica, mas psicótica. Afinal, se ainda alucina, ele não é tão criativo e saudável, a menos que se considerem as alucinações como criações.
Platéia: Observei que a analista fez interpretações basicamente relacionadas a ela própria, e notei que a senhora concordou com as interpretações. Na sua prática, a senhora também usa interpretações relativas aos objetos primários (o pai, a mãe), ou prevalecem as interpretações da transferência?
Hanna Segal: Depende. A interpretação que provoca mudanças é a da transferência. Mas transferir significa "deslocar de algum lugar" — de modo que é preciso fazer essa ligação. No entanto, eu teria cuidado em falar sobre os pais reais com um menino que vive tanto em fantasia onipotente. Porém, quando ele mistura as tintas, por exemplo, eu ligaria com o pai; quando rouba os biscoitos, eu faria referência à mãe. Se ele está num mundo alucinatório e fica bravo quando a analista interpreta isto, eu às vezes interpretaria que ele é o bebê preferido da mãe-analista, mas quando a analista abre a boca, ela se transforma no pai que o leva embora. A analista fez isso quando se referiu à maneira como ele se sente quando a mãe está com seu irmão. Mas é importante não exagerar nisso e não falar automaticamente de pai e mãe o tempo todo.
Platéia: Naquele momento em que o menino pede para a analista guardar o aviãozinho na sala de ludo, tenho a impressão de que

há uma mudança no clima maníaco que ocorria na sessão, para um estado em que se esboça um movimento projetivo para dentro da analista, que o recebe.

Hanna Segal: Acho que ele projeta para dentro da analista o tempo todo: projeta medo, projeta raiva. Você quer dizer que a natureza da identificação projetiva mudou, no sentido que indiquei: ele procurava um continente em que pudesse deixar o avião para ela cuidar. Isso não significa que ele começou a identificação projetiva, mas que essa identificação perdeu o caráter da identificação projetiva psicótica, que Bion chamou de objeto bizarro, e ele pôde deixar algum valor sob custódia da analista. A analista pode nos dizer se sentiu essa mudança na sessão.

Apresentador: Naquele momento sim, mas depois as brincadeiras retomaram a condição maníaca, e ele começou a ficar excitado novamente.

Platéia: Você falou sobre o medo do bicho que quer comê-la. O movimento seguinte, o terceiro movimento, é quando ele pede para você contar até 1000, e então até 100 e depois até 10. Acho que foi a conclusão desse movimento: ele projetou dentro da analista, ela falou em comer, em receber introjeções dentro dela; ela confirma esse movimento e ele, então, pôde falar de uma diminuição da distância entre eles.

Hanna Segal: Talvez ele queira que a analista sempre lhe forneça algum material para alimentar sua mania.

Seminário Clínico III

SEMINÁRIO CLÍNICO III

Apresentador: L. é uma jovem que há algum tempo descobriu a psicanálise e, segundo suas palavras, "passou a amá-la". Talvez queira ser psicanalista ou uma pedagoga que se utiliza da psicanálise como referência de escuta. Na entrevista inicial declarou que procurava a análise devido a uma atitude compulsiva em relação à comida e ao ciúme insuportável que sente no relacionamento amoroso.

Começou a análise há oito meses e apesar de termos estabelecido claramente os compromissos formais (quatro sessões semanais, dia do pagamento, horários) sempre pede alterações (adiamento do pagamento, mudanças de horário etc) para atender suas necessidades eventuais. Em relação a mim, ora esforça-se para manter um clima de admiração mútua, ora demonstra uma urgência de atenção e uma curiosidade que a impelem a perscrutar tudo: mudanças em minha aparência, o livro sobre a minha mesa e, principalmente, minha maneira de funcionar.

Na versão que faz da história de sua mãe, o acontecimento mais importante tem o seguinte relato: um dia, o avô materno saiu para comprar cigarros e nunca mais voltou; todos passaram a acreditar que ele se mudara para a Áustria, para onde insistia em levar a família. Alguns fatos que L. conta levam-me a pensar que talvez esse homem tenha "sido desaparecido". Da história do pai, o que seleciona para me contar são cenas que revelam uma conduta cruel dos adultos na educação das crianças. L. acha que sua família é louca, violenta, "são todos viciados". Eles a enojam e horrorizam. Conta histórias chocantes.

Cerca de dois meses depois do início da análise seus pais viajaram por quatro semanas. Ela encontrou uma foto da mãe recém-casada, linda, magra, diferente dessa mulher que engordou e foi obrigada pelo marido ciumento a esconder o corpo. Depois de um telefonema da mãe, que já estava no exterior e iria seguir para a Áustria, ela chorou horas seguidas, passou a ter insônia e continuou chorando por vários dias: "Não entendo o que está acontecendo".

Isso se passou pouco antes das minhas férias, que coincidiram com a última semana da viagem de seus pais. Quando me falou do telefonema da mãe e do que se seguiu, disse-lhe que ela temia que a mãe desaparecesse como o avô. Ficou perturbada e perguntou: "De onde você tirou isso?" Na sessão seguinte, me disse que o choro e a insônia tinham sumido. Ficou mais impressionada e me perguntou, quase brincando: "Você não vai para a Áustria, não é?"

Reagiu mal às minhas férias. Voltou indiferente, dizendo que controlava a comida, já emagreceu o suficiente — até temia emagrecer demais — não precisava mais de análise. Na verdade, tinha dúvidas, já que costumava reagir com indiferença às separações. Como temia ficar anoréxica e como também esperava que eu fizesse mais interpretações impactantes, continuamos.

Ainda nesse período de recuperação de sua indiferença, começou a sentir-se imatura para fazer análise. Esforçava-se para vir às sessões e para pagá-las: "são muitas sessões e muito dinheiro". Algum tempo antes ela me dissera que quando ainda era criança sempre que queria saber ou fazer alguma coisa, o pai a chamava de "pequenina". Eu lhe disse que ela se sentia pequenina para fazer análise; ela se espantou, não se lembrava de ter usado a palavra. "Até parece que você adivinhou". Disse que "estava babando", como acontecia quando a professora, um modelo para ela, falava. (Essa professora ensina psicanálise e é uma pedagoga embasada pela psicanálise). "Quando ela fala, eu fico babando, minha cabeça vai ao encontro dela e meu corpo fica atrás". Eu lhe disse que por um instante eu a tinha feito perder a cabeça, que parecia necessário ir mais devagar. (Na verdade, quando a palavra me ocorreu, fiquei em dúvida quanto a usá-la ou não). Na sessão seguinte, ela se queixou: "A análise ficou latejando na minha cabeça".

Ela começou a sessão me contando que Ana, uma amiga que ela me encaminhara para análise, tinha comentado que havíamos batido um papo pelo telefone. Enfatizou a palavra "papo". (Eu, de fato, falei por telefone com sua amiga, mas não a tomei para análise e a reencaminhei.)

No mesmo dia deu carona para uma amiga em seu carro, mas a amiga ficou muda e abatida depois de entrar no carro.

Paciente: *Provavelmente ela ficou assim porque o carro dela é bem mais simples do que o meu.* Na manhã seguinte viu que tinha perdido a calota de uma das rodas. Ouvira um barulho, mas não dera maior atenção.
Paciente: *Podia ter parado o carro e recolhido a calota. Agora tenho de comprar um jogo inteiro ou ficar com as rodas desiguais. Fui ver o preço aqui na frente e custa super-caro.*
Analista: *Se não afastarmos a idéia de que tive uma conversa especial com Ana, você é que será essa menina abatida e muda, principalmente porque eu e você não batemos papo pelo telefone.*
Paciente: *Estou com medo de perder o pouco que tenho.*
Hanna Segal: Ela tem irmãos?
Apresentador: Tem quatro irmãos.
Hanna Segal: Mais velhos do que ela?
Apresentador: Sim. São três irmãos e uma irmã. Ela é a caçula.
Hanna Segal: Quantos anos mais velha é a irmã?
Apresentador: Em torno de dois anos.
Hanna Segal: Pergunto porque a sessão tem muito material sobre irmãos. Vou começar com o relato do que aconteceu antes da sessão. Parece-me que temos aqui uma paciente anoréxica-bulímica quase clássica. A paciente comenta na sessão que perdeu peso e teme continuar a perder peso. Junto à bulimia, há anorexia. Na transferência ela é bulímica: sempre quer saber mais, receber mais, e fica assustada com a própria voracidade. Ao mesmo tempo, não absorve nada: é indiferente às separações e a maneira pela qual recebe as interpretações não é realmente para pô-las para dentro e fazer uso delas. Tem uma estrutura totalmente narcísica. Quando se examina o material, todas as pessoas são imagens especulares dela, ou ela é uma imagem especular dessas pessoas. É típico desses pacientes narcísicos querer ser professora, como a professora admirada, ou analista, como a analista deles. Há pacientes cujos interesses pessoais não têm nada a ver com a psicanálise mas, no momento em que se deitam no divã, ser analista passa a ser seu único objetivo.

Esse tipo de estrutura é compatível com uma erotização da transferência; não no sentido de uma transferência sexual-genital, do tipo edípico, mas uma erotização da situação de alimentação. Do mesmo modo que a anorexia-bulimia, essa erotização é uma defesa contra a dependência. Faz com que a situação se torne imediatamente simétrica: os amantes são iguais. Vai mais longe, porque em vez de desejar o mamilo (os mamilos vão aparecer mais adiante na sessão), é o mamilo que vai atrás do bebê. Desse modo, o mamilo erotizado é facilmente deslocável para o pênis. Se estivesse com um analista homem, ficaria fácil produzir uma transferência erótica para o pênis. Nessa situação primitiva ("Eu não dependo do mamilo, nós somos iguais"), é o mamilo que corre atrás dela.

Há um momento importante na análise quando a analista chega a um ponto relevante ao lembrar a paciente da palavra "pequenina". Está tudo misturado, como seu culto pela professora, e quando a analista interpreta que ela se sente "pequenina" para fazer análise, ela imediatamente sexualiza a situação. Refere-se ao fascínio sexual pela professora e diz: "A análise ficou latejando em minha cabeça". Então, ficou ansiosa — e a analista também. Eu não lhe diria que é preciso ir devagar, porque a paciente poderia ter a impressão de que a analista está insinuando que não quer a transferência erótica, que se assusta com isso. Ela passa por um momento de dependência, o que para ela é humilhante, e reage imediatamente através de uma violenta sexualização.

Concordo com a maioria de suas interpretações, mas aqui eu iria em outra direção: interpretaria que ela está assustada por sentir-se pequenina e dependente e quer transformar isso numa experiência muito excitante, como se a fala da analista fosse uma relação sexual — e fica apavorada por deixar-se arrebatar pela situação. Eu teria em mente essa idéia de que, quando você fala, ela reage como se você fosse um parceiro sexual.

Nem sempre a curiosidade da paciente está relacionada com desejo de aprender. Isso também existe, mas é imediatamente pervertido. Ela não se interessa em saber o que a interpretação significa ou como a afeta: quer ficar atrás da cabeça da analista para descobrir imediatamente como a interpretação é feita. Isso é importante, porque algumas pessoas querem saber como a interpretação as afeta e depois, quem sabe, algum dia também ser analistas, aprendendo com a experiência. Não é o caso dessa paciente: ela quer se apossar de tudo.

É muito claro o resumo feito pela apresentadora antes de relatar a sessão. Quando a paciente entra nesse jogo em que um fica por cima e o outro por baixo, ela perde a calota: perde tudo o que sabe sobre a relação e então fica totalmente carente. Com freqüência perde uma sessão ou alguma outra coisa. A perda da calota me parece representar, de certa forma, a perda da analista. Ela poderia ter parado o carro, poderia interromper esse jogo constante de "quem está por cima, quem está por baixo", mas não se detém.

Foi mais ou menos isso que você interpretou. É uma introdução boa, porque a sessão que a segue é toda mobilizada pelo telefonema de Ana.
Mas agora vamos ver a sessão.
Apresentador: Esta sessão deu-se imediatamente antes dos feriados da Páscoa. Eu trabalharia na quinta-feira e ela faltou à sessão. Foi sua primeira falta.
Hanna Segal: Isso é muito importante.
Paciente: *Você não vai acreditar, apaguei a sessão de quinta-feira. Acordei, tomei café com calma e fiquei meio sem fazer nada. Não tinha aulas nem estágio. À noite fomos a um aniversário com aquele idiota do amigo do Fernando* (Fernando é o namorado), *aquele cuja namorada é passiva e muda. Só lembrei da sessão às 3:30 da madrugada, quando eu estava fazendo xixi.*
Analista: *Você parece surpresa com a força com que eliminou a sessão.*
Paciente: *É mesmo. Não sei por que quero falar isto, mas aquela noite me senti mal já no carro. O T.* (amigo do namorado) *não gosta de mim ou então ele percebe que eu não gosto dele. Falou que anda fácil conseguir mulher atualmente. Fiquei com ódio. Respondi que não é fácil conseguir mulher de qualidade. Ele disse: "Mesmo mulher de qualidade. As mulheres são mais esforçadas e porisso estão ganhando mercado." A namorada dele continuava muda. A mãe dela morreu e o pai dá tudo para ela, tudo o que é material; acho que dá carinho também. Quando fomos dançar, o Fernando não tirava os olhos dos seios dela. Nessa hora ela aproveita, porque tudo o que ela tem é o corpo bonito. Tem seios bonitos e esse é o meu ponto fraco. Resolvi paquerar todo mundo. Por que me senti assim? Não estou gorda, estava vestida de saia curta, tapando a celulite, e de top; os homens até olhavam para mim. Mas fiquei tão neurótica, exagerando tudo! O Fernando, na verdade, só deu umas espiadas para a menina. Fiquei distante dele e nem quis subir para seu apartamento na volta. Mas não posso falar essas coisas para ele, porque ele não entenderia; o que eu posso fazer é engolir.*
Analista: *A figura dessa namorada muda e passiva tem muita força sobre você.*
Paciente: *Minha mãe quer que eu seja ainda mais muda do que sou. Quer que eu fique parada em casa, esperando pelo Fernando. Minha irmã é submissa e perversa. Obedece o*

namorado, acha que mulher tem mesmo de ser assim, mas pelas costas faz o que quer. Só sei que no ambiente do clube sou muito diferente, sem neuroses. Sábado fomos (ela e o namorado) *convidados para jantar na casa do instrutor. Tinha uma mesa grande onde estavam os avós, os pais e os filhos, tudo muito lindo. Sua mulher me convidou para estudar num grupo com ela. Lá eu reprimo meus sentimentos; reprimo não, senão não estaria em análise.*

Analista: *Talvez você se sinta muito exposta ao ciúme e à rivalidade, entupida com sentimentos como esses. Quando eu não garanto imediatamente a calma em sua relação comigo, você pode apagar a análise.*

Paciente: *A Ana me disse que sentiu pela sua voz que você tinha pena de perder um paciente.*

Analista: *Você está tentada a pensar que fiquei atraída pela Ana, como o Fernando vidrado nos seios da namorada do amigo.*

Paciente (achando graça): *A Ana tem os peitos deste tamanho! Está sempre se metendo na minha vida; um dia ela vai falar com a minha orientadora, outro dia vai no meu estágio, fica me seguindo.*

Hanna Segal: Vamos conversar sobre a sessão.

Lembram-se de que ela disse que precisava de muitas atividades para se aliviar? Então, o que fez foi apagar a sessão para se aliviar da ausência da analista, e transformou a situação numa festa. O importante fato de ter faltado a uma sessão pela primeira vez mal é mencionado.

Depois ela descreve a festa em duas seqüências. Enfatiza essa personagem atraente, muda, com grandes seios que a fascinam — e que representa tanto sua mãe quanto ela mesma. Ou ela teve uma mãe muito narcísica (o que é possível) ou tudo isso é projeção. Não sabemos ainda. Na festa ela se confronta com essa mulher que não dá nada, que não fala. Lida com isso comportando-se como essa personagem: exibe os peitos e todos olham para ela. Aí estão as raízes do ciúme patológico: como está fascinada por essa figura, ela acredita que Fernando, T., também estão todos fascinados.

Está tudo muito compactado. Em primeiro lugar, ela diz que a garota — mulher de sorte! — perdeu a mãe e herdou tudo, os peitos e os homens que a admiram. A paciente deixou claro, no fim da sessão, que tem um problema oral: tem de engolir tudo, mas não consegue, fica atravessado na garganta. Todas as personagens representam aspectos cindidos da paciente, são todos irmãos e irmãs, e isso fica claro com Ana. Todos se parecem com ela e representam pedaços dela: Fernando, supostamente, ficou fascinado pelos peitos da moça, mas ela diz que, na verdade, ele mal olhou para a moça; T. odeia as mulheres, como a paciente odeia a mãe; e é apresentado como um homem que inveja as mulheres; Ana, tal como a paciente, deseja a analista.

Concordo com o que a analista disse sobre essa figura que fascina a paciente, mas iria além: diria que essa moça muda, que não dá nada e é desejada por todos, é a analista muda ou a mãe narcísica que exibe os seios, mas não dá nada. Interpretaria que ela, ao mesmo tempo, deseja e odeia essa figura e que todas as pessoas que ela mencionou são seus irmãos-rivais — mas cada um contém um pedaço dela. Não tenho certeza se ela está com medo de que a analista esteja fascinada por Ana ou se teme que Ana esteja fascinada pela analista. Mas nesse enredo narcísico, tanto faz. Ana é uma parte dela que se relacionava com a mãe desejável, mas não muito boa. Mas se Ana tiver sucesso em seu esforço de sedução, a analista ficará fascinada por ela. Concordo basicamente com a interpretação, mas enfatizaria a eliminação violenta que ela faz da analista ausente para se aliviar — e de como transforma tudo isso numa festa.

Platéia: Além da clara eliminação da ausência da analista e sua projeção, poderíamos pensar que a paciente rumina tudo?

Hanna Segal: Sim, seria possível pensar que ela fica ruminando, em vez de se defrontar com a ausência e a raiva. Eu, porém, não pensaria tanto em ruminação mas sim numa encenação histérica: ela cria enredos, mas não funciona, porque quando cria esses enredos eróticos, o ciúme patológico acaba por derrubá-la.

Platéia: Parece-me que a senhora enfatiza tanto a condensação do material quanto a rapidez com que ocorre a identificação projetiva. A paciente está sempre mudando de personagem e trocando de lugar com o objeto. Isso cria um problema técnico para a analista, que quer ir mais devagar. O que se faria para desacelerar o processo?

Hanna Segal: Esse é um ponto importante. Há muitos anos, quando ainda ninguém tinha ouvido falar em continente, Clifford Scott disse que, para o analista que trabalha com pacientes muito perturbados, a tarefa mais importante é reduzir a velocidade desse processo de introjeções e projeções. Ele não sabia nada sobre continentes nem sobre elementos beta, mas isso ele sabia. Com essa paciente, eu não diria que há um bombardeio de elementos beta. Não se pode dizer à paciente para ir mais devagar, porém seria possível começar com interpretações simples, mas muito dinâmicas: por exemplo, apontar que ela eliminou a sessão e transformou numa festa. Quando ela descreveu a festa, eu teria dado uma interpretação global; por exemplo, que ela produziu essa enorme festa, com uma multidão de personagens. Então eu pegaria a figura muda, primeiro para assinalar que essa figura é a analista muda, e depois, levando em conta que "narcísico" é uma palavra conhecida, diria que ela vê a analista como narcísica, que exibe os seios mas não a alimenta. Eu também mostraria como ela rapidamente se torna esta figura.

Não sabemos qual seria sua reação depois de interpretações como essas, mas em algum momento eu salientaria que parece que na festa todos os seus irmãos estão ao redor dessa mulher. Se ela então inundasse a analista com material erótico, eu apontaria que naquele momento ela estava produzindo a festa na sessão. Mas teria sempre em mente o risco, para analista e paciente, dessas mudanças rápidas quase sempre relacionadas com sexualização.

Se esta fosse uma supervisão regular e estivéssemos trabalhando juntos por um período longo, com o tempo desenvolveríamos um estilo, que funcionaria como referência de como e quando interpretar. A maioria das interpretações está correta, mas falta levar em conta a dinâmica do caso — o que é esperado, pois estamos no início da análise.

Platéia: Você poderia falar mais sobre essa abordagem dinâmica?

Hanna Segal: Quanto mais grave a patologia, mais atuações acontecem. É preciso ter em mente a situação real: as férias da analista, o telefonema de Ana e como a paciente tenta transformar a sessão num evento diferente.

Platéia: Você lidou com a descrição da festa como se fosse um sonho?

Hanna Segal: Quase, porque a festa reflete tanto a mente da paciente, que não sabemos o que realmente aconteceu lá. Não sabemos sequer se Fernando olhou ou não para a moça.

Eu faria ligações transferenciais mais diretas. Afinal é uma pena para a paciente ter uma analista alta, magra e bonita. Ao contrário da figura muda com peitos grandes, a analista conversa com ela e tenta alimentá-la, mas isso imediatamente cria dependência.

A situação seria diferente — e de certa forma mais difícil — se fosse um analista homem, porque ela se apaixonaria por ele e pensaria sempre que o analista estava apaixonado por ela; e isso pareceria mais normal, como uma menininha apaixonada pelo pai. Mas não é disso que se trata. O pênis do analista, como um objeto parcial, tomaria o lugar do mamilo, porque esse latejar em sua cabeça quando a analista fala é, de fato, o pênis reverberando em sua mente. Há uma grande confusão entre masculino e feminino porque se o mamilo é percebido como um pênis que corre atrás dela, por outro lado o pênis do homem é visto como um mamilo, sem função genital em relação à mãe, mas excitantemente relacionado com o bebê.

Apresentador: No início da análise a paciente disse que tinha medo de uma transferência erótica comigo.

Hanna Segal: Mas a paciente também teme o que nega, a transferência erótica da analista em relação a ela. Ela diz no material, *"minha mãe quer que eu seja como ela."* Pensa também que a analista se sente atraída por Ana. Eu não saberia para que lado pende a transferência, porque está sempre mudando. O medo que a paciente tem de que as palavras da analista fiquem latejando dentro dela é o seu medo da contratransferência, que entra dentro dela, a possui e a transforma.

Apresentador: Ela usa uma linguagem muito criativa. Por exemplo, ela cria expressões como "analista-*express*", numa analogia com as lojinhas que ficam abertas 24 horas. Ela usa a linguagem de um modo vivo e colorido, produz expressões adequadas e espertas.

Hanna Segal: Ela capta a sua mente.

Apresentador: É muito inteligente e algumas de suas expressões são interessantes; por exemplo, se está muito agitada, diz: "meus pensamentos parecem carrinho bate-bate", referindo-se àqueles carrinhos de parque de diversões, que se chocam uns com os outros. Ela cria expressões muito engraçadas.

Hanna Segal: Isso é comunicativo e importante, mas também perigoso; ela é uma histérica esperta. Pode-se considerar isso de diversas maneiras, sem a desvalorizar porém salientando que sua forma de expressão é comunicativa, mas é também uma maneira de prender a atenção e de produzir alguma excitação e, talvez, de poder: a analista faz uma afirmação simples e ela transforma numa frase extraordinária. Ela é sem dúvida uma mulher bem-dotada e uma parte dela quer de fato comunicar-se. Mas essa parte é utiliza-

da também malignamente, para entrar dentro da analista, possuí-la, expressar-se melhor do que ela e causar um tremendo estardalhaço. Ela freqüenta algum curso de formação em psicoterapia?
Apresentador: Ela não estuda Psicologia. Faz estágios onde são atendidos adolescentes e crianças com distúrbios de aprendizagem, com um enfoque psicológico das dificuldades que levam a desenvolver esses problemas.
Hanna Segal: Mas ela tenta transformar isso em psicoterapia? Não há problema se ela usar a análise para exercer bem seu trabalho. Pode tornar-se uma excelente professora de crianças perturbadas. Mas eu sou desconfiada. Tome cuidado para que a paciente não transforme inconscientemente o que faz para sentir-se como psicoterapeuta.
Apresentador: Acho que ela luta contra o desejo de fazer isso.
Hanna Segal: Se ela percebe o risco e luta contra isso não há problema; senão, seria uma perversão das finalidades da análise. Se a paciente e a analista estão cientes dessa situação, isso me deixa aliviada, porque quando ela falou de "pacientes", pensei em outras situações, em que o paciente, depois de um ano de análise, já se arvora em analista. Mas este não é o caso. Ela desejava ser professora ou analista, e é possível que esteja fazendo uma boa integração de ambas. Talvez em algum nível ela esteja integrando uma mãe e um pai. Mas estou sendo muito otimista...
Vamos ver a sessão.
Apresentador: É uma sessão de sexta-feira, não a sessão imediatamente seguinte à que foi relatada.
Hanna Segal: Quantas sessões houve no meio?
Apresentador: Só uma.
Hanna Segal: Você sabe o que a entristeceu na sessão anterior?
Apresentador: Essas expressões tristes surgem há algum tempo, mas estão um pouco mais acentuadas nesta sessão.
A sessão anterior foi curiosa porque ela me recontou toda a sua história, enfatizando cenas com a irmã. Disse também que não dormiu bem devido à sessão anterior. Perguntou se era possível alterar o horário das sessões de quinta-feira, porque desejava fazer ginástica no intervalo entre a atividade anterior e o horário da sessão. Verifiquei com ela como seria a alteração e constatei que para mim não seria possível.

A sessão está condensada, é um resumo.
Ela começou dizendo que tem dez pacientes, enquanto suas colegas têm quatro. Além disso contou que precisava preparar duas reuniões e mencionou várias outras atividades, mostrando que é muito ocupada. A seguir, relatou algumas entrevistas com pacientes. Está começando um estágio e porisso tem entrevistado crianças e adolescentes. Ela os chama de pacientes, pois é assim que são chamados no estágio.

Disse que todas essas entrevistas ficaram em sua cabeça, mas a que mais a perturbou foi uma entrevista com uma mãe que ridicularizava as dificuldades da filha. Comentou que, segundo observou na entrevista, a mãe tem dificuldades semelhantes às da menina. A mãe também lhe contara que a filha ficava defronte à televisão, tomando Coca-Cola (aos pouquinhos chegava a consumir uma garrafa de dois litros) e comendo. Segundo a mãe, a menina, obesa, devorava tudo o que encontrava na geladeira, além de comer feijão com arroz, porcarias, tudo.

Então eu lhe disse que ela me pedia uma alteração de horário a fim de colocar mais uma atividade em sua agenda, mas ela mesma me dizia que esse método de encher o seu tempo de atividades, para garantir um lugar especial entre as colegas ou entre os outros pacientes, estava pesando e eu podia ficar igual à mãe que põe Coca-Cola de dois litros na geladeira, para uma filha obesa. Ela achou engraçado e passou a falar da dificuldade que teve à noite para encontrar o que comer, pois estamos numa semana de restrições alimentares, a Páscoa Judaica. Sua família é simultaneamente católica e judia, portanto comemora duas Páscoas. Como não podia comer nada fermentado, resolveu comer chocolate. Atualmente, em sua casa, há muito chocolate: pelo menos, dez ovos de Páscoa de sua sobrinha, filha de sua irmã; um ovo muito grande, que ela ganhou do pai, mas que não quer abrir, senão come demais — não tem onde guardar pois se o deixasse na geladeira seus irmãos acabariam com ele num minuto e, no seu quarto, as formigas o atacariam. Disse que nessa noite resolveu comer chocolate, comeu muito e não teve a taquicardia que costumava ter. (É uma queixa antiga: ela tem taquicardia quando come doce. O sintoma desapareceu a partir de uma interpretação feita numa sessão em que ela falou que queria comer — e comeu — todo o iogurte da sobrinha.)

Hanna Segal: Existe uma expressão: "fácil como roubar doce de uma criança". É o que ela faz.

Apresentador: A paciente disse que ficou com tanta energia que fez aula dupla na academia de ginástica e que ainda sobraram calorias para dançar a noite toda.

Paciente: *O que eu queria mesmo era comer um pedaço do bolo que estava na geladeira, só um pedacinho seria suficiente. Mas nesta semana não posso comer bolo porque é fermentado.*

Analista: *Você precisa de muito: muitos pacientes, muito chocolate, para dar conta da falta daquele pedaço apetitoso de bolo que não pode comer.*

Paciente: *Antes, para mim, comer era uma coisa do além, maravilhosa; agora já não dou muita importância. Com o sono também aconteceu isso: eu adorava dormir, agora não ligo.*

Analista: *A análise parece que está tirando o prazer das coisas...*

Paciente: *Tive uns pesadelinhos. Um deles foi que desapareceu o espelho do meu quarto. Minha irmã tinha tirado. (Ela dorme sozinha no quarto em que elas dormiam quando pequenas). O espelho é dela.*

Analista: (peço associações).

Paciente: *É mais ou menos como se eu estivesse vestindo as roupas dela, fosse me olhar no espelho e o espelho não estivesse mais lá. Foi tão real que quando acordei achei que não tinha mais espelho mesmo.*

Analista: *Toda essa atividade, essa tentativa de manter o seu e o meu interesses sempre elevados, talvez aconteça em função do perigo de que tudo seja tirado de você, seja tomado de volta: pacientes, minha atenção, chocolates.*

Hanna Segal: No início ela disse que estava triste, mas o clima da sessão é maníaco, ela fala o tempo todo e sobre todos os assuntos.

Apresentador: Quando menciona a perda do prazer de comer e dormir, a sessão está menos agitada.

Hanna Segal: O sonho representa uma vivência trágica. Se você vive através de identificação projetiva para evitar dependência, torna-se desesperadamente dependente porque quando seu espelho é retirado você fica sem identidade. Ela pôs tanta coisa na irmã que, quando a irmã vai embora, ela fica sem identidade. O mesmo acontece na análise, porque o analista é o espelho. Para ela, isso é literal: se ela coloca na analista seus bons e maus pedaços, fica privada de si mesma. Não apenas sente que é privada de um objeto; ela deixa de existir.

Como trabalhar isso, tecnicamente, na sessão? Seria mais fácil com outras sessões, mas poderia ser considerado aqui em termos de gordo e magro. Talvez, na realidade, sua irmã fosse magra e a paciente, um bebê obeso. Então, ela faz uma identificação dupla: entra nas roupas da irmã e fica magra, e a irmã torna-se o bebê obeso. Mas, quando o espelho é retirado, ela não sabe quem ou o que ela é. Talvez não ter o que deseja (por exemplo, o seio judeu da mãe) faz com que entre num estado de identificação projetiva difusa. Eu interpretaria isso e depois interpretaria em termos da irmã gorda-magra. Diria também que, quando a analista se afasta, ela não só perde o seio, mas sente que perde a si mesma.

O problema é que a paciente trouxe esse material no final da sessão. Então, não sei quanto poderia ter sido interpretado, porque a interpretação precisaria ser curta. Mas eu lhe diria que a analista é imaginada como um espelho; ela deposita tanto na analista, durante a sessão, que, quando a analista vai embora, leva tudo consigo. Eu teria em mente essa situação das irmãs, porque talvez isso apareça novamente numa próxima sessão.

Se um paciente traz um sonho tão condensado e difícil no final da sessão e só dá tempo para uma interpretação, eu faria a interpretação transferencial de que o espelho se vai, levando consigo tudo o que ela pôs dentro dele.

Apresentador: A sessão seguinte confirma isso.

Hanna Segal: Se houvesse tempo, eu interpretaria como ela tenta evitar a situação de dependência do seio. Ela criou essa imagem especular e, com isso, ficou mais dependente.

Outro aspecto importante é a oposição entre católico-judeu. A questão é: por que os seios judeus da mãe não são *kasher*? Penso que é porque a analista foi embora durante a Páscoa: não há bom pão, durante a Páscoa. O que é *kasher* o ano todo é bom pão, no ano inteiro é permitido comer pão gostoso. Subitamente, durante a Páscoa, quando a analista se ausenta, não é permitido comer pão. É tudo complicado, porque o ovo do pai é grande demais, ela não sabe como guardá-lo... Mas tudo é muito importante em análise.

Platéia: Uma dúvida técnica: em casos como este, a questão do sexo do analista interfere no desenvolvimento do processo analítico?

Hanna Segal: Não, o sexo do analista é irrelevante. Eu disse no começo que se o analista fosse homem a dinâmica seria diferente, pareceria ser um problema edípico. Mas, durante a análise, o analista é às vezes mãe, às vezes pai. Afinal, o sexo do analista não importa muito, desde que ele seja analista.

Seminário Clínico IV

SEMINÁRIO CLÍNICO IV

Apresentador: Demian é um adolescente de 16 anos. Seus pais eram muito jovens quando a gravidez aconteceu mas, presos a uma consciência moral, decidiram casar e assumir o filho. Diante das precárias condições emocionais e financeiras, a mãe optou por morar na casa de seus pais com o marido e o bebê, o que lhe permitiu oferecer um lar ao filho sem abandonar os estudos. O pai de Demian iniciou a Universidade longe da cidade onde moravam e só convivia com a família nos finais de semana. Surgiram conflitos quanto à forma de educar o menino: os avós ocuparam o confuso lugar de semi-pais e, segundo o pai, Demian foi super-protegido. O relacionamento do casal era complicado por desentendimentos, acusações e ressentimentos — que só pioraram com o tempo.
Na época da primeira consulta, a mãe tinha emagrecido muito. Atualmente, está em terapia. O pai isola-se cada vez mais, refugiando-se nos estudos e no trabalho. Tem consciência de ter quase abandonado a função paterna, delegando-a ao sogro, e vê-se como uma figura decorativa, sem autoridade nem valor. A mãe sente-se sobrecarregada e culpada diante dos problemas, com um marido e pai ausente. Durante o processo de avaliação, o pai decidiu reiniciar a análise.
No final de 1996 a mãe consultou-me, aflita com uma carta de Demian em que ele fazia clara referência à sua determinação de seguir o trágico caminho do avô materno, que se suicidara no ano anterior à nossa entrevista. Na carta, Demian desenhou uma forca, deixando claro que não era só um jogo: marcou o espaço de quatro letras, que correspondiam às da palavra "amor".

O parto foi induzido e a fórceps. A placenta já estava envelhecendo. Segundo a mãe, Demian foi um bebê difícil, que não aceitava prazerosamente o peito nem outra alimentação quando foi desmamado, aos 9 meses. Demorou para andar e falar. Seu ódio intenso sempre foi difícil de manejar. Os pais não entendem as crises de raiva que ele sempre teve. Não se relaciona, é desafiador e provoca os pais até que se descontrolem. Demian repetiu o Jardim de Infância devido a dificuldades de coordenação motora e a uma irritabilidade que prejudicava sua concentração. Os pais matricularam-no em outra escola, sem lhe contar que fora reprovado na pré-escola que freqüentava. Essa situação transformou-se num marco traumático, fonte de um ressentimento atroz, pois o menino sentiu-se enganado e traído.

A escola sempre apontou problemas no aprendizado. Sua escrita é pobre em conteúdo e ele não é capaz de interpretar um texto em profundidade. Tem dificuldade na compreensão de propostas e apresenta disgrafia e notória falta de orientação espacial. A pedido da escola, os pais o colocaram em terapia e num tratamento psicomotor aos 5 anos de idade. Essa terapia foi interrompida quando Demian completou 12 anos, por uma atitude firme do pai, aborrecido com a terapeuta e com a terapia. Ele percebeu, em sua própria análise, que Demian necessitava de psicanálise.

Nas entrevistas, a queixa dos pais era que Demian nunca estava satisfeito. Segundo eles, o menino era voraz, obsessivo, mordaz e brigento, pessimista, melancólico, introvertido e fanático nas suas posições. Vivia em guerra com sua única irmã, cinco anos mais nova. Demian sofria de alergias cutâneas, enxaquecas e sinusite. O pai sentia que o menino não sabia viver nem aproveitar a adolescência. Nunca demonstrou sentimentos amorosos, a ponto de receber o apelido de "morto" em uma das muitas escolas que freqüentou. Os pais tinham nítida consciência da gravidade e da urgência de iniciar a análise.

Foi preciso conquistar o *setting* analítico com este paciente, que faltava muito às sessões ou se atrasava, confundindo os horários, ou, desafiador, vinha para dizer que não entraria na sala, que eu perdia meu tempo, e permanecia os cinqüenta minutos na sala de espera. Ou ficava no banheiro, provocando muita irritação ou um cansaço exaustivo, pela concentrada atenção para encontrar brechas — mas nunca desesperança. Às vezes dormia durante todo o tempo da sessão, ignorando minha presença. Perdeu cheques de meu pagamento, criando situações preocupantes.

Ele se colocava como o meu fracasso. "Onde estará Demian?" — era a pergunta que me assaltava enquanto o esperava, quando desaparecia. Em várias ocasiões, a mãe ou a avó telefonaram-me aflitas porque Demian tinha sumido e a análise era a única pista para se ter notícias dele, que nunca estava onde deveria. Ele me testava e ficava surpreso quando me encontrava, às vezes nos últimos minutos da sessão, ainda esperando por ele. O clima era sempre pesado e o silencio mortal era a expressão de uma abissal distância que ele teimosamente colocava entre nós.

Depois de seus monossílabos telegráficos, Demian passou a sentenciar: "Tudo já está perdido, por que os meus pais não perceberam antes? Já perdi muito tempo numa terapia que não adiantou nada. Nada adianta mais. Não dá para consertar; esses pais adolescentes estragaram minha vida. Eles que assumam por escrito que são culpados. Eu quero ser internado em um colégio na Europa".

Era um jogo duro, que me punha à prova, e eu só tinha um ano para mostrar resultados — tempo concedido por ele. Demian, entretanto, permitiu que se abrissem fissuras nessa muralha que no início parecia impenetrável. Maradona e o futebol da Argentina eram os temas através dos quais podia mostrar uma relação transferencial comigo. Não perdia um jogo e estava muito bem informado sobre detalhes da Copa do Mundo. A guerra manifestava-se na transferência e contratransferência. "A Argentina não presta; o jogo contra a seleção X ou Y foi uma vergonha. A Argentina não sabe perder, eles partiram para a porrada". Ele projetava em Maradona múltiplas facetas de seu profundo temor de um colapso mental.

Em outro momento fez uma pesquisa invasiva sobre minha vida, através da *Internet*. Ele tem interesse, conhecimento e acesso, de forma requintada, aos arquivos. Procurava saber sobre a minha vida e a de meu marido: trabalhos, cartas, compras, viagens, notícias desta Sociedade e todas as novidades do noticiário psicanalítico.

Nesse período telefonava para me anunciar suas faltas às sessões, hoje menos freqüentes. Atualmente, Demian entra na sala, assim que chega. Ampliou para dois anos o tempo de trabalho analítico que me concedeu. Com 18 anos pretende estudar na Espanha (pátria do avô materno), como fuga do tratamento, tentativa de reparação ou forma de re-encontro com o avô morto.

Hanna Segal: Talvez seja melhor parar um pouco. Você apresentou muito bem o que se passa na transferência e isso nos dá o contexto em que as coisas acontecem. Demian opera em base a uma identificação projetiva maciça, ele a testa: Como você suporta a frustração? Como suportaria a perda incompreensível de um objeto? Como você suportaria o desespero quando tudo está perdido? Ele não pode consertar os pais adolescentes, mas será que você pode? Você será capaz de consertar a adolescência dele? Nesse processo, ele projeta constantemente por três motivos: para livrar-se da dor; por vingança; e terceiro — e este é o motivo mais construtivo — para testar, com alguma esperança, se existe um objeto capaz de suportar tudo isso. A experiência dele é que pelo menos uma parte da analista pode agüentar isso, porque ele está mais assíduo e começa a ter um pouco de confiança na relação. Então pode entrar em contato com a questão de sua própria adolescência. Sua adolescência aparece nas brigas e no fanatismo por futebol e é colorida pela onipotência infantil, mas está repleta de elementos de rivalidade com os outros homens, os outros meninos.

Outro tema que ele traz, e que considero de importância fundamental, é o da onisciência. Ele pode ouvir as interpretações da analista, mas vai à *Internet*, numa forma invasiva e *voyerística* de identificação projetiva — e assim saberá tudo. Não é de espantar que não pudesse aprender na escola, já que acreditava possuir um conhecimento muito superior.

Antes da análise ocorreram dois eventos importantes: a reprovação no Jardim da Infância (um tremendo golpe para a onisciência dele); e a morte do avô, a respeito da qual não sabemos muito. É uma perda dramática, mas ele deve ter-se sentido também traído e enganado com essa morte, pois olhava para o avô em busca de vida e o que encontrou foi a morte. É provável que idealize o avô, porque todo o mal é posto nos pais, mas o suicídio de um dos pais (e o avô é um tipo de pai) é um ataque projetivo violento à criança, que a deixa com toda a responsabilidade. Qual dos eventos aconteceu primeiro?

Apresentador: Ele tinha 4 anos quando foi reprovado, e 13 anos quando o avô se matou.

Hanna Segal: Em plena adolescência...
Vamos ver a sessão.

Apresentador: Eu o atendo três vezes por semana; esta é uma sessão de quarta-feira.

Hanna Segal: Por que só três vezes por semana? Os pais não aceitariam quatro?

Apresentador: Há dificuldades de várias ordens. Fiz o possível, antes de tentar o impossível e ficar sem o paciente. Eu preferiria trabalhar quatro ou cinco vezes por semana, mas ele queria apenas uma. Os pais têm também dificuldades econômicas.
Hanna Segal: Então há dificuldades dele também. Se ele quisesse mais sessões, os pais concordariam?
Apresentador: Creio que sim, pois os pais concordam quanto à necessidade de análise, mas as dificuldades econômicas são sérias.
Hanna Segal: Você pode trabalhar com ele sobre isso. Então, ele tem sessões segunda, quarta e sexta-feira e essa é uma sessão de quarta-feira?
Apresentador: Sim.
Hanna Segal: A melhor da sessões, a do meio.
Apresentador: Demian entrou devagar, como se tivesse chumbo nos pés. Como sempre estava mal-humorado e o corpo movimentava-se pesadamente, como se fosse um robô. Enquanto fechava a porta, percebi que ele escondeu atrás da almofada um caderno do jornal que trazia em mãos. Ele sempre vem com o "Cotidiano" da *Folha de S. Paulo*, que publica todos os assassinatos e desgraças. Em sessões anteriores, enquanto ele lia o "Cotidiano", tínhamos abordado a intensidade da persecutoriedade e destrutividade em seu mundo interno e o quanto ele desejava compreender comigo esse horror.

Ficou sentado no divã, olhando muito bravo para a parede da frente e não para mim, que estava sentada ao seu lado.
Analista: *Parece que você precisa esconder de nós dois notícias, comunicações, emoções, que o deixam muito bravo.*
Paciente: *Você é que tem de saber. Você estudou para isso, e eu já falei e não preciso repetir. Dos 6 anos em diante, eu assumo a culpa. De 1 ano até os 6 anos, é culpa deles* (refere-se aos pais). *Eles precisam assumir.*
Analista (sinto frio e me agasalho cruzando os braços na posição de aninhar um bebê com o corpo. Estou com roupa adequada; percebo o frio como uma comunicação sensorial inconsciente e observo que, através da identificação projetiva, vivo o des-valimento do bebê): *Nessa divisão que você faz de sua vida, você anulou o primeiro ano de vida, do nascimento a 1 ano de idade. Talvez haja marcas tão terríveis e pavores tão intensos que você quer anular esse período para proteger-se de tanta dor.*
Paciente: *Você é que tem de saber das coisas. Você pode me nomear o que tenho de assumir. Meus pais que assumam o que é deles.* (Deita-se no divã, mais relaxado).

Analista: *Você pode deitar-se para entrar em contato consigo mesmo.*

Paciente: *Eu não vou ser um adolescente normal; não quero sair, não quero ter amigos, não quero ir ao shopping, ao boliche nem a boates. Não quero ir a boates onde vão aqueles exibidos, todos vestidos com roupas de marca, que gastam 10 reais para se embebedar. Não gosto e não quero. Na época do meu avô era diferente, e na época dos meus pais também. Uns 90% da juventude é isso aí: só pensa em bebidas, drogas e marca de roupa.*

Nessa hora, percebo que ele está com um boné *Reebok* muito colorido. Surge em mim a lembrança da doação de sangue a uma amiga que precisava se submeter a uma cirurgia ginecológica mutiladora, com suspeita de câncer. Penso que com Demian trata-se de lidar com a pulsão de morte, que ocupa 90% de sua vida e pode mutilar os 10% restantes de vitalidade psíquica. Ele precisa, devido à gravidade dessa situação, de uma transfusão analítica vital. Apesar disso observo mudanças, porque outrora ele considerava 100% da população adolescente viciada em drogas, perversa e mascarada em marcas de grifes. Esse era o refrão estereotipado que repetia obstinadamente.

Analista: *Você deixa ainda um lugar de vida: nos 10% há um canto de esperança. De que lado está a analista? Será que sou apenas uma marca ou há nesta analista uma consistência confiável para trabalhar com o que é essencial e está dentro da cabeça? Você protege a sua cabeça com um boné com um nome de marca conhecida, como um adolescente à procura de uma identidade.*

(Ele aceitou iniciar o tratamento, porque os pais lhe disseram que eu fazia parte desta Sociedade de Psicanálise, que era uma pessoa experiente, diferente da outra terapeuta. Muitas vezes ele caçoou de mim, dizendo: "Quero ver você, analista de marca!").

Paciente: *Eu não quero me vestir como os outros. Boys de marca! Detesto shopping; o meu negócio é TV e Internet. No futuro a psicanálise vai ser via Internet.*

Analista: *Você quer me colocar longe da sua vida, mas ainda conectada, ligada a você. Você quer ser como uma máquina entre máquinas, para afastar-se, isolar-se quando se sente tocado e percebe que dentro de você existe, junto aos 90% de destruição, os 10% de vida, a vida de adolescente.*

Paciente: *Este boné custou R$1,95. É imitação, não é o legítimo que custa quase 30 reais, como aqueles que os* boys *do* shopping *usam.*

(Indago-me: O que nele é verdadeiro, o que é falso? Faz-se um silêncio e eu aguardo, porque sei que ele consegue facilmente me provocar para entrar no campo de batalha e de queda de braço.)
Paciente: *Não participei da viagem de formatura. O meu detetive me informou que 90% do que aconteceu foi como eu imaginava: provocações, acordar com pasta de dente no rosto, piadas, conversas grosseiras...*
Analista (penso com muita pena que é ele que não se sente neste mundo legitimado pelo desejo dos pais, desde a concepção): *Que conversas?*
Paciente: *Ah! De mulheres, só grosserias. Só tinha de bom o lugar muito bonito, o clima, a comida e os esportes.*
Analista: *Acho que você fica assustado por se sentir diferente, por se sentir inferior, sem nada de valor para protegê-lo. Então o mundo quase todo fica preto e terrível, como você sente o seu interior quando se acha sem valor. Mas hoje pode reconhecer que há entre nós um clima mais ameno, que permite que você encontre beleza, esperança de movimento, de mudanças nos 10%.*
Paciente: *Penso que é como uma embarcação, quando se joga uma âncora no fundo do oceano; muitos podem afundar, podem-se jogar pendurados na âncora.* (Penso no filme Titanic, trazido por Demian em sessões anteriores. Ele prossegue): *Quero ficar quieto, ficar no zero. Não quero afundar nem avançar, quero boiar como os cadáveres no filme.*
(O avô suicida me visita. É minha contratransferência)
Analista: *A questão é que há um Demian que quer jogar uma âncora em nossa viagem para encontrar um abrigo esperançoso. Mas existe também um Demian morto-vivo que quer morrer e arrastar-me junto, para encontrar-se para sempre com o cadáver desse vovô querido e odiado, morto em vida.*
Na frase seguinte ele comete um lapso e diz:
Paciente: *A questão é que eu **não quero**...* (percebe e se corrige) ***Eu quero** ser como ele, eu quero viver como meu avô.*
(Ao negar, ele re-vela).
Analista: *Escuto a voz do fundo de sua alma que berra que quer viver, que quer ser diferente de seu avô. Hoje você faz, com dedicação, um tratamento que ele nunca aceitou. Sei também o quanto te assusta enxergar-se em perigo de vida — a teimosia para ser do contra.*

(Ele se emociona e os olhos estão úmidos. Movimenta e cruza as pernas no divã; é um momento muito tocante da sessão).
Paciente: *Ele talvez estivesse certo. Para ele não valia mais a pena viver. Ele escolheu morrer.*
Analista: *O difícil para você é pensar qual é o verdadeiro valor de sua vida. Por que ele se matou e te deixou, se você o amava tanto? Sua fantasia de ir para a Espanha é de encontrar lá as raízes da família, recuperar esse avô dentro de você e compreender a morte dele.*
Paciente: *Decidi não ir mais ao clube. Vou filmar e gravar as conversas do tráfico de drogas da turma dos drogados. Vou pegar os traficantes e os viciados. Já estão todos identificados. Não vou mais ao clube jogar, vou só para obter provas, como um detetive. Logo vou entregar todas as provas à polícia. Vou colocar no clube, ao invés de música, a gravação das conversas deles.*
Analista: *Compreendo que haja em você uma sede de justiça vingativa e que você deseje lutar por ela. Mas como? Parece-me que você quer lutar aqui comigo contra esse lado tenebroso, destrutivo, desesperado. Afinal, você planeja ser herói. O que não percebe é que você é mais um da gangue que se coloca em risco mortal para ferrar todo mundo.*
Paciente: *Ah! Hoje eu trouxe para você. Eu lembrei.*
(Ele me entrega, num envelope da empresa do avô paterno, o cheque do pagamento, com um bilhete da mãe. No bilhete ela dizia que estava enviando o cheque do pagamento no dia combinado porém, por questões circunstanciais deste mês, pedia que eu só o depositasse dois dias depois).
Analista: *Você sabe o que diz este bilhete?*
(Ele diz que não e se faz de desentendido. Desconfio que ele sabe muito bem do que se trata).
Analista (após de ter lido o bilhete para ele): *Percebo que hoje você pode me pagar, reconhecer um pouco a minha parte em nosso trabalho. Hoje você se lembra de me dar o cheque, diferentemente de outra ocasiões. Talvez você também possa perceber que não sou uma máquina registradora, só interessada em dinheiro. E então pode surgir o pedido de gestos humanos, como esperar pelo pagamento, compreender uma situação circunstancial e excepcional.*

Paciente: *Você tira cada uma! Pode me dar o recibo na sexta-feira, depois de depositar o cheque.* (Diz isto enquanto estou fazendo o recibo do pagamento).

Analista: *Posso confiar em você e em sua capacidade de dar.* (Entrego-lhe o recibo).

Hanna Segal: É um caso difícil. O que vou dizer terá mais o caráter de especulação.

Uma das dificuldades está em que ele é adolescente. Ele foi problemático desde o início da vida, mas esses mesmos problemas surgem de uma forma diferente e são reativados pelas questões sexuais da adolescência. É como se ele dissesse: "Não quero ser como os meus pais, com sua vulgar sexualidade adolescente! Sou superior a esse tipo de problema!" Mas afirma que era diferente nos tempos do avô e dos pais. Acho que os 10% referem-se ao fato de que a sexualidade adolescente dos pais não era só lixo; eles tiveram uma relação sexual, geraram uma criança e ficaram com ela. Num certo sentido, ele degrada a sexualidade adolescente dos pais, mas ao mesmo tempo tem inveja, porque pelo menos 10% dela não foi ruim. Com ele é pior. O adolescente de hoje é pior.

Tudo isso é próprio do adolescente, mas tem raízes no passado, nos pais adolescentes culpados de tudo. Você relacionou a curiosidade dele sobre você com o desejo de provar que você também é esse tipo desprezível de adolescente.

Gostaria de fazer uma observação técnica. Eu não perguntaria "De que lado está a analista?", porque este é um jeito infantilizado de falar. Dizemos às crianças, por exemplo, "a mamãe vai dar de comer para o nenê", na terceira pessoa. Esse jeito de falar também cria uma distância.

Você está certa em não entrar num bate-boca com ele sobre o boné. A questão entre vocês é: "qual dos dois é uma fraude?" Você finge ser verdadeira, por exemplo, porque pertence à Sociedade, mas ele se acredita verdadeiro, por isso finge ser superior a você. Essa questão adolescente revive problemas anteriores.

Vou considerar as duas primeiras interpretações. Quando ele está lendo o caderno "Cotidiano", com tudo o que há nele de excitante e destrutivo, a analista diz que ele precisa esconder as notícias e que isso o deixa bravo. Nesse momento, eu preferiria dizer não que ele está bravo porque tem de esconder as notícias, mas sim que ele tem de esconder porque está bravo.

De novo ele projeta a raiva dentro de você e fica como esses adolescentes emburrados que sempre fazem isso. Mas no caso dele a questão é mais profunda, porque ele é um bebê que rejeita qualquer tipo de ajuda. Em seguida, ele a acusa de onisciência (*"Você é quem tem de saber"*), mas está caçoando de você. Ele quer que você seja onisciente, mas acusa-a constantemente de fingir que é onisciente: "Eu já falei isso. O que você tem a acrescentar, se você é onisciente? Minha culpa vai daqui até ali. Não finjo ser onipotente. Eu sei. Eu já falei isso".

Naquele momento em que lhe ocorreu a imagem de carregar um bebê, tive uma impressão um pouco diferente. Mas trata-se de uma escolha. Quando ele diz que de 1 ano até os 6 anos os pais estavam errados, mas dos 6 anos em diante ele assume a responsabilidade, minha escolha seria relacionar isso com o nascimento da irmã, que aconteceu quando o paciente tinha por volta dessa idade. Sua fantasia poderia ser que antes tudo era culpa dos pais, mas a partir dos 6 anos ele se conscientiza da própria destrutividade.

Porém a escolha que você fez é legítima. Você escolheu o período mais recuado, eu consideraria o período de maior turbulência. Quando você escolhe esse caminho, ele a acusa de oniscência e de que sempre o faz sentir-se culpado. Então ele faz um ataque violento à sexualidade adolescente dos pais, desacreditando a analista, desacreditando os pais, e tudo fica ruim exceto por um detalhe que escapa: quando ele tinha 6 anos e a mãe estava grávida de sua irmã, ele teve de encarar o fato de que os pais já não eram pessoas imaturas brincando de sexo, mas adultos que tiveram uma relação sexual e produziram um bebê. O nascimento da irmã deve ter sido um golpe narcísico para ele.

Mais tarde, ele diz que sexo é "vulgar, horrível". Acho correto quando você interpreta: "não há nada de valor para protegê-lo e isso o deixa assustado". Mas talvez você seja reasseguradora demais quando diz, em seguida: "hoje você pode ter mais esperança". Tenho a impressão de que, quando ele fala de beleza, refere-se a algo anterior ao sexo vulgar que, ao surgir, estragou tudo. O mesmo se dá com você. Quando você não balança o barco e ele pode vê-la como assexuada, recupera parte do sentimento de beleza de ter você como uma boa analista-pai. Mas quando essa vulgaridade aparece em você, ele fica enojado. Em parte ele concorda com a sua interpretação sobre o barco que lança a âncora, mas há gente demais pendurada nessa âncora. Penso que ele sente que é perigoso confiar na analista.

Quando ele diz: "Não quero afundar, quero boiar como os cadáveres", o avô surgiu em sua mente. Você falou de um lapso. Que lapso foi esse?
Platéia: Ele quis dizer: "Eu quero ser como meu avô", e o que escapou foi: "Eu não quero ser".
Hanna Segal: Por que ele disse do avô: "viver sozinho não valia a pena"? O avô não estava sozinho, tinha esposa, filha, neto...
Apresentador: Mas nunca quis se cuidar. Era uma pessoa muito deprimida que sempre rejeitou tratamento psiquiátrico e, mais ainda, o psicanalítico. Era uma morte anunciada.
Hanna Segal: Então não se trata apenas do suicídio. Se estava sempre deprimido, deve ter sido um avô decepcionante.
Apresentador: A fantasia da mãe do paciente é que, à medida que crescia, Demian já não se encantava tanto com os brinquedos que o avô fabricava, e isso deixou-o ainda mais deprimido.
Hanna Segal: É um objeto ambíguo. Não é de espantar que ele só se sinta 10% criança. Tenho a impressão de que o garoto idealizou o avô às custas do pai. Foi seu pai, afinal, quem dispensou a terapeuta que não prestava. O pai o traz para a análise?
Apresentador: Sim. O pai interessa-se por ele e cuida dele.
Hanna Segal: É possível que às vezes a analista represente o pai, dispensado por não ser estimulante como o avô. Pode até ser que ele tenha um pai que se preocupa com o filho, que se ocupa dele, mas o quadro que emergiu é o de uma figura sem vida, desinteressante em comparação com esse avô fantástico. Parece que ele ficou por um longo período numa relação mais exclusiva com a mãe. Quando ele diz que "viver sozinho não valia a pena", está dizendo que o avô apenas parecia ser melhor do que o pai: ele dava muitos presentes, mas mesmo assim era uma pessoa egoísta. Quando o menininho deixou de se encantar, tudo desmoronou.

No fim, quando a analista diz que ele reconhece o trabalho que está realizando, a interpretação parece-me parcialmente correta. Nesse momento ele poderia ser o pai que funciona. Mas ainda resta o mistério do primeiro ano de vida, quando ele talvez possuísse a mãe, e ela lhe dava muita atenção.

Mas, em relação ao recibo, o menino estava certo. Não devemos dar recibo antes de receber o pagamento. Você diz que confia nele, mas confia por quê? Ele distorce o que você diz, apronta tanto... Mas você confia nele, confia que haja vida e amor suficientes para continuar trabalhando. Isso é diferente de afirmar: "Eu confio em você", o que dá margem para que ele a faça de boba.

Considero arriscado dizer aos pacientes, "confio em você, acredito em você" ou "não confio em você, não acredito em você". Seria preferível formular de um modo diferente, dizendo que ele demonstra confiar em você pelo menos um pouco, pelo fato de lhe dar o cheque e que ele gostaria que você confiasse nele da mesma maneira.

Mas é um caso complicado e espero que outras pessoas tenham algo a dizer. Vejo principalmente do ângulo do adolescente que revive uma situação mais arcaica, nutrindo e abrigando um ressentimento profundo pelos pais adolescentes e por suas irresponsabilidades adolescentes.

Platéia: Gostaria de fazer uma pergunta a respeito do sotaque da analista. Como o garoto pode confiar numa pessoa que fala um português misturado com o espanhol portenho?

Hanna Segal: O idioma do inimigo.

Apresentador: A minha língua materna é o espanhol, a mesma do avô dele.

Hanna Segal: É um questão importante porque, por um lado, o espanhol representa o time adversário, mas por outro lado não é um idioma desconhecido, é o sotaque do avô. Quando o menino investiga a morte do avô, é possível que esteja investigando também as ligações entre a analista e o avô, porque o sotaque espanhol levanta suspeitas, pois o avô o decepcionou — além de ser o idioma do adversário. Maradona é como o *Titanic*: o colapso do grandioso.

Tecnicamente, é importante abordar a onisciência dele e o uso que ele faz disso, em oposição ao conhecimento e à aprendizagem.

Platéia: A senhora vê alguma diferença técnica no atendimento com adolescentes? Da mesma maneira que a técnica do brinquedo ajuda no trabalho com crianças, haveria algum recurso equivalente a ser usado com adolescentes?

Hanna Segal: Eu não ofereço brinquedos para os adolescentes mas, se são muito novos, alguns colegas deixam lápis e papel disponíveis. Quando eles trazem desenhos, eu uso esses desenhos como parte do material, a menos que seja claramente um ataque à comunicação verbal e uma forma de se afastar dela. Mas, com adolescentes, especialmente quando se trata de meninas adolescentes com analistas homens, eu não insistiria no uso do divã. Acho que é importante que venham a se deitar no divã, porém eu não seria tão rígida como com um adulto. Com um adolescente, o divã fica ali e cabe a ele decidir usá-lo ou não. Nunca fiz questão do divã com psicóticos nem com adolescentes, porque todos os adolescentes são loucos.

A análise de uma criança, depois de uma determinada idade, não se completa enquanto ela não se comunicar verbalmente. O mesmo vale para adolescentes. Eu não consideraria a elaboração bem feita enquanto o adolescente não usar o divã. Mas, em comparação com outros colegas, minha experiência com análise de adolescentes não é grande.

Platéia: A senhora referiu-se a uma das intervenções da analista como "reasseguradora". Gostaria de saber o que pensa sobre a questão de reasseguramento. Pareceu-me que a analista quis se oferecer como um objeto diferente, em termos de esperança.

Hanna Segal: Estou convicta de que a analista tem de se apresentar como um objeto diferente. Ela é um objeto diferente. Seria um terceiro objeto que não reassegura, mas que lida com o real. Por outro lado, a analista disse que reconhece que hoje existe uma relação melhor entre eles, e essa é uma boa interpretação se ela estiver convencida de que isso está realmente acontecendo. Naquele momento, no entanto, não me parecia ser assim: ela representava os pais sexuados e desprezados. Pode ser que eu esteja enganada; depende de quão convincente era o material. A função do analista não é a de reassegurar. A última fala ("Eu posso confiar em você") é um ruído reassegurador, não comunica mais do que se dissesse: "Você é legal".

Platéia: Em sua opinião, haveria alguma modificação na técnica em função do número de sessões?

Hanna Segal: Não há nenhuma mudança técnica. A analista mantém muito bem a técnica e os parâmetros. O ponto de ruptura está em ter uma semana de trabalho e depois um intervalo, em vez de sessões e intervalos intercalados. Nossa experiência com Robin Anderson, diretor da Tavistock, atualmente o maior especialista em análise de crianças, mostra que nossa técnica não muda mas nossas interpretações mudam, de uma forma inconsciente, porque não queremos provocar ansiedade quando não vamos encontrar o paciente no dia seguinte. Não há uma descrição técnica do que se deve fazer. Fazemos assim porque sabemos que não vamos lidar amanhã com as conseqüências daquilo que dissermos hoje. Da mesma forma, como autodefesa, o paciente traz um tipo diferente de material quando sabe que estará com o analista no dia seguinte, e no outro e no outro. Muitas vezes, os pacientes calam-se um pouco antes do fim de semana. Pacientes que não têm um ritmo contínuo de dois, três ou quatro dias seguidos de atendimento não ousam provocar algo que ficará com eles por muito tempo.

Não quero dizer que não se pode trabalhar três vezes por semana — afinal nem todo mundo pode fazer análise! — nem que o terapeuta não faz o melhor para obter os mesmos resultados, mas o sistema da análise é diferente. Em minha experiência como supervisora, analistas que têm muitos pacientes que vêem só duas ou três vezes por semana perdem um pouco a sintonia da psicanálise, e acostumam-se com um sistema um pouco mais terapêutico. É por isso que denominamos um método de "terapia de orientação psicanalítica" e o outro de análise, porque nem sempre podemos fazer análise, mas temos a convicção de que análise é importante.

Eu diria aos pais desse menino que ele precisa de uma análise de verdade e isso significa, pelo menos, quatro sessões por semana. Podemos ajudá-lo com uma terapia de orientação analítica, mas para ele seria melhor uma verdadeira análise. Se você estiver convencida disso, lidará de forma diferente com as questões externas. Se você tiver convicção de que a psicanálise exige quatro ou cinco sessões por semana, poderá decidir se toma ou não o menino em terapia. Mas enquanto você se perguntar se a análise consiste em cinco, três ou uma sessão por semana, perde a distinção do que está fazendo. Concorda?

Apresentador: Concordo. Eu tinha já uma convicção clara sobre a necessidade de uma freqüência maior. Mas também acredito que era necessário criar uma trégua nessa guerra, a fim de começar a trabalhar.

Hanna Segal: Concordo com isso. Você poderia começar com uma ou duas sessões por semana, mas tendo em mente a idéia de aumentar para quatro ou cinco sessões. Com adolescentes, às vezes temos de começar com menos sessões, mas é preciso não esquecer essa meta.

Seminário Clínico V

SEMINÁRIO CLÍNICO V

Apresentador: A paciente foi encaminhada para análise por seu clínico geral. Desde os 13 anos sofre de fortes dores abdominais durante o período menstrual. A partir dos 18 anos necessita ser hospitalizada quase todos os meses, por dois ou três dias, devido à intensidade das dores. Foi diagnosticada uma endometriose, que atualmente está sob controle com o tratamento prescrito por seu médico, que inclui análise.

É uma mulher de 26 anos, filha única de pais que se separaram quando tinha 7 anos. A paciente relata que sentia uma atmosfera ameaçadora na casa de sua mãe, com quem ficou após a separação dos pais, porque o namorado dela bebia e usava drogas. Durante os finais de semana preferia ficar na casa da empregada da família (na verdade um barraco numa favela). Essa empregada era a única pessoa em quem confiava e quando tinha 8 anos planejou com ela fugir para a casa do pai. Após uma batalha judicial, permaneceu com ele. Aos 15 anos, por orientação de seu analista na época, procurou a mãe para tentar um reatamento, mas sentiu que não era possível. Só voltaria a encontrá-la aos 24 anos.

Nesse encontro casual que aconteceu na rua, a mãe lhe informou que sofria de câncer de colo de útero. A paciente visitou-a em sua casa e encontrou-a vivendo em condições extremamente precárias. Então alugou um apartamento para a mãe e passou a arcar com os gastos em geral e com todos os custos do tratamento médico. Acompanhou-a às consultas médicas até sua morte, um ano mais tarde. No dia seguinte ao funeral, a paciente foi até o apartamento que havia alugado, empacotou tudo o que pertencera à mãe — roupas e objetos — e doou-os para instituições de caridade.

Logo depois da morte da mãe, o pai recebeu o diagnóstico de câncer de intestino. Nem o médico nem a paciente lhe revelaram a gravidade da doença. A paciente passou a desenvolver todos os sintomas manifestados pelo pai, com quem vive até hoje. Seu primeiro sintoma foi um enjôo muito forte e depois crises de enxaqueca. Foi de médico em médico sem que nada fosse encontrado.

O pai mantém um relacionamento de muitos anos com uma mulher alcoólatra e depois de discussões e brigas passaram a morar em casas separadas, considerando que essa seria a melhor forma de manter o relacionamento. Devido ao alcoolismo, a madrasta tem sérios problemas, dos quais a paciente tem-se ocupado, inclusive três internações em clínicas de desintoxicação.

Ela faltou à sessão de segunda-feira, anterior à que vou apresentar, porque "teve uma intoxicação alimentar": sentiu tonturas e sua barriga inchou, mas a análise do material enviado a um laboratório nada encontrou.

A paciente dirige uma empresa ligada ao setor de informática e é muito bem sucedida em sua área profissional. Está no quarto mês de análise e vem três vezes por semana. Passou por uma análise anterior, há aproximadamente oito meses, que durou um ano, interrompendo-a porque achou que as interpretações eram muito superficiais.

Hanna Segal: O analista abandonado é importante, porque ela abandonou a mãe quando fugiu para ficar com o pai. Em outro momento, o analista torna-se o pai abandonado, quando ela parte com outro homem. O analista excluído é deixado com o câncer, enquanto a paciente vai embora com o novo analista bom. Os ex-analistas são sempre importantes. Seu fantasma está presente, mesmo quando os pacientes tentam ignorar isso. Os novos analistas são continuamente comparados com eles.

Analista: A paciente teria sessão ao meio-dia. Às 11: 30 deixou um recado em minha secretária eletrônica avisando que se atrasaria devido a um contratempo no escritório. Chegou dez minutos atrasada.

Paciente: *Você ouviu o meu recado? Tenho um cliente que vai viajar hoje à tarde e faltam algumas informações importantes na documentação que ele precisa levar. Logo cedo liguei para a secretária dele pedindo que me passasse com urgência os dados necessários, porque eu estava muito preocupada. Fiquei aguardando, nervosa, e às 10 horas ela ainda não havia enviado aquilo* *que solicitei. É um cliente a quem dou uma atenção especial e gostaria que ele viajasse tranqüilo. Decidi ligar para cá, deixei a mensagem e fui cuidar de alguns documentos, aguardando a ligação da secretária. Quando foi chegando o horário da sessão, fiquei ansiosa porque não queria perder nosso encontro, especialmente porque não pude vir na segunda-feira por estar passando mal. Avisei minha secretária sobre o que ela deveria fazer a respeito do assunto e vim rápido para cá. Por sorte o trânsito estava bom e não me atrasei muito.*

Este fim de semana li um monte de coisas sobre doenças gastrointestinais para ver se consigo entender um pouco o que está acontecendo comigo. As informações apontam para uma variedade de fatores, que vão desde uma intoxicação alimentar até alergia a alguns alimentos. Além disso, essa região é alvo de reações de estresse em algumas pessoas. E algo estranho se passa comigo; neste fim de semana eu e o Peter (o namorado) *alugamos filmes para assistir à noite. Eram filmes comuns, que nunca me incomodaram antes. Um era sobre um cara que vai parar em um lugar estranho, diferente daquele que pretendia. Aí, apanha e sofre muito, mas nada diferente de outros filmes que já vi, e que nunca me incomodaram. Não agüentei e disse ao Peter que eu não podia ver aquilo, pois estava me perturbando. Ainda por cima eu estava com aquela dor típica da endometriose e comentei que devia ser o estresse que causava aquilo tudo. Aí, ele virou para mim e disse: "Mas estresse por quê?"*

Analista: *Creio que a mensagem que você quer que eu compreenda e responda diz respeito às informações importantes de que você precisa para entender o que lhe acontece, uma vez que, como o cara do filme, você se sente numa área que desconhece e que lhe tem causado muito sofrimento.*

Paciente (após um silêncio prolongado): *Acho que é toda essa situação com meu pai.* (Começa a chorar — é a primeira vez que isso ocorre na análise.) *Eu vinha administrando bem toda a situação, levando-o à terapia, à quimio, ao médico, almoçando com ele todo dia. Só que agora começo a não saber o que é excesso de cuidado. Quero estar com ele, mas às vezes não sei se é demais. Ontem ele disse que iria a pé de minha casa até o hospital, onde faria exame de sangue. Ele parecia bem, mas eu não sabia se deveria deixá-lo ir ou levá-lo de carro. Ele foi e voltou sem problemas. Atualmente ele está melhor do que quando a doença foi* diagnosticada. Emagreceu, está com a barriga inchada, mas nada que chame a atenção. No início era aquele enjôo horrível parecia que ele ia desmaiar. Agora a doença não é visível. Quando eu morava antes com meu pai, cada um de nós tinha sua vida, os dois saíam para fazer suas coisas; hoje, ele fica quase todo o tempo em casa. Tento ficar com ele o tempo que tenho disponível, mas só fico mesmo em casa quando estou doente. Às vezes não sei o que fazer ou dizer.

Analista: *Parece que nesses momentos a tentativa de comunicação e proximidade acontece por meio do corpo que adoece: duas barrigas inchadas.*

Paciente: Quando a doença foi diagnosticada, o médico me disse que meu pai teria uns quatro meses de vida, um pouco mais, um pouco menos. Já se passaram 10 meses. Sinto que me preparei para uma dura corrida de 50 metros e agora me vejo no meio de uma prova de 800 metros. Por vezes cansa. Não consigo dar conta o tempo todo. É muito para a minha cabeça. Ainda ontem ele me disse coisas que me incomodaram e tivemos uma discussão. Disse a ele que não vou mais cuidar da Ana (a madrasta). Ela voltou da clínica a semana passada e já começou a beber de novo. É capaz de ligar para casa às 3 da manhã para reclamar que a televisão não está funcionando bem. Uma vez ficou quatro dias sem sair de casa e meu pai pediu que eu fosse até lá ou telefonasse; eu disse que ele é quem deveria ir. Disse que devia ser muito bom fechar a porta de casa e beber dia e noite sem parar, sem ter de se preocupar com coisa alguma, com tudo pago: luz, comida, telefone, condomínio. Ela pode beber até o corpo apodrecer, sem nenhuma preocupação. Disse a ele, brincando, que eu até gostaria de trocar de lugar com ela, só beber, sem ter de me preocupar tanto, com alguém cuidando de tudo.

Analista: *Talvez mais brava do que brincando, você diz que gostaria de ser aquela que recebe amor e cuidado, sem ter de pagar altos custos por isso.*

Paciente (chorando): Às vezes é demais; tenho medo de que a minha cabeça não agüente, que a minha mente enlouqueça.

Analista: *Você vem aqui esperando que eu possa ajudá-la a encontrar opções melhores do que sua mente enlouquecer ou seu corpo apodrecer.*

Hanna Segal: Peço ao apresentador que pare um pouco porque há muitas questões importantes.

Pouco se pode fazer nos três primeiros meses, mas o que me impressiona é que essa paciente se defronta com uma tarefa reparatória sem esperança. Há a mãe que morreu de câncer; há o pai que está morrendo de câncer, e ela fica nessa reparação maníaca e desesperada em que tem de consertar tudo. A tarefa é irreparável por ser tão concreta. Quando o dano ocorre na fantasia, quando o que se faz atinge os pais do mundo interno, pode haver reparação. Mas se o dano é concreto, não há reparação possível. Se você tem um cadáver dentro de si, é possível revivê-lo; mas se o leite foi transformado em fezes, não é possível desfazer o malfeito.

Veremos na sessão que uso se pode dar a tudo isso, mas ela me parece confusa sobre o que é físico e o que é mental: não sabe se a endometriose pode ser tratada com psicoterapia ou se a depressão pode ser tratada com *Prozac*. Os dois males estão tão confundidos que ela não sabe qual é o quê. Um dos recursos que usa é inverter constantemente e colocar o analista na posição de quem não pode fazer nada. Se a sanidade dela depender de que seu pai se cure do câncer, não há nada que o analista possa fazer.

Ocorre-me também a fantasia de que existem dois casais errados. Talvez a mãe estivesse bem se não tivesse um namorado alcoólatra, e o pai estivesse bem se não tivesse uma parceira alcoólatra. Parece não haver encaixe entre o casal parental e a criança. O casal não pode ter um bom relacionamento, nem entre si nem com a criança, porque ambos são invadidos pelo câncer. Parece-me que ela se sente responsável porque acredita que, por ser o terceiro elemento nesse casal, ela é o câncer. A paciente deixa a mãe nas mãos de um horrível câncer-namorado e ela morre de câncer. Então volta-se para o pai. Não sabemos que tipo de lua-de-mel ela teve com o pai mas ele logo arruma uma namorada alcoólatra, como um câncer. Ela deve ter também muita ansiedade com relação ao analista anterior, que abandonou esperando ter deixado o pior com ele. Mas o que poderia acontecer com o novo analista?

Platéia: Tenho uma pergunta desde o seminário anterior. Parece-me que você tem muito respeito pela realidade. Gostaria que falasse sobre isso.

Hanna Segal: É difícil colocar em poucas palavras. O meu livro[1] tem um capítulo inteiro sobre fantasia e realidade. Mesmo assim acho bom abordar esta questão porque hoje em dia pouco se

---

[1] Segall,H. — Psicanálise, Literatura e Guerra — artigos de 1972-1995. R.J.: Imago Ed.,1998.

fala disso, mas há pessoas ainda mais interessadas em fantasia do que os kleinianos. No passado, acreditava-se que uma análise kleiniana significava fantasia, fantasia, fantasia, sem nenhuma menção à realidade. Mas o que é a fantasia inconsciente senão uma imagem mobilizada por uma situação da realidade? Por exemplo, você tem fome e sua fantasia é o seio. Até Freud diz que junto ao ego-prazer existe sempre o ego-realidade. Segundo ele, não se pode imaginar um organismo que seja capaz de sobreviver sozinho. Eu diria: não se pode imaginar um bebê que seja capaz de sobreviver apenas com a fantasia, a menos que a mãe seja parte do processo. Mas, mesmo com a melhor das mães, nenhum bebê sobreviveria se não fosse capaz de reconhecer a realidade. Alguns bebês não a reconhecem, negam-se a se alimentar e morrem.

Então, como uso a realidade? Nunca trago a infância ou qualquer parte do passado remoto do paciente a menos que ele o faça, ou que a história esteja viva na transferência. Mas nunca ignoro a realidade da própria situação analítica: o paciente perdeu uma sessão, o analista perdeu uma sessão, qual foi a última interpretação e como o paciente reagiu a essa interpretação — tudo isto é realidade. De alguma maneira, o analista é visto pelo paciente como um superego, um objeto de algum tipo. Mas acredito que o analista tenta entrar em contato e restaurar aquela parte do ego do paciente que pode apreender um pouco da realidade. Quando falo do sentido de realidade (e aqui a fantasia também entra), não me refiro só à realidade externa, porque o mundo interno é tão real e tão fatual quanto o externo. Dizer: "Você me odeia" é descrever uma realidade; dizer: "Você sente que sou um monstro que vai devorá-lo" é afirmar um *fato imaterial* (na expressão de Robert Caper). Então, o analista tem de estar sempre em contato com a fantasia do paciente, mas sem perder o contato com a realidade, senão haveria uma *folie-à-deux*; e teríamos o paciente re-associando, o analista re-associando, e os dois habitariam um mundo irreal. Se o analista se identificar com a fantasia do paciente e fingir que também vive naquele mundo, entrará em conluio com a loucura do paciente.

Outro aspecto importante é que muitas vezes o senso de realidade é experienciado pelo paciente como masculino, como um atributo do pai. Qualquer que seja o sexo do analista, há momentos em que o paciente está perdido numa fantasia em que mãe e filho ficam presos numa caverna. Se o analista interpretar isso, o paciente pode ficar ressentido, porque percebe como uma intervenção do pai que invade o universo mãe-bebê, e diz: "Isso é você, isso é sua mãe". O paciente preferiria que o analista ficasse quieto e não perturbasse sua fantasia de fusão. Uma boa mãe também exerce essa função, quando coloca limites. Desde o começo a mãe coloca o bebê em contato com a Vida e a Morte, porque há um fim para cada mamada, há um fim para sua presença. Mas, na mente do bebê, essa mãe que coloca limites está associada com a existência de um terceiro elemento. No caso desta paciente, o terceiro elemento é o câncer. Tudo parece concreto porque não temos informações sobre sua infância remota, mas esse tipo de concretização é freqüente quando a mãe ou pai é alcoólatra ou doente, pois então o paciente não apenas sente que suas fantasias são realidades concretas (o que seria corrigido por pais normais), mas sua experiência com os pais confirma sua fantasia: cada pensamento dele torna-se uma doença. Esta paciente deve ter medo de que o analista adoeça, pois teme que basta pensar nisso para que se torne realidade. Há uma constante troca de lugar: ela não só gostaria de ser o pai doente e ser cuidada por alguém; ela é de fato a pessoa doente.

Eu interpretaria seu medo de seus pensamentos e desejos, pois eles se transformam em fatos. Há dois fatores que mantêm essa fantasia de concretização: um refere-se à constante confirmação da realidade, e o outro relaciona-se com a possessividade. Tudo tem de ser real porque a paciente realmente deseja possuir a mãe, como se ela fosse um câncer. Isso também tem a ver com projeção, pois o câncer não é apenas possessivo, é também venenoso. Como não quer ter pensamentos venenosos, ela os deposita no outro.

Três meses de análise não são suficientes para interpretar tudo isso, mas é importante começar no nível certo. Na primeira sessão, o analista manteve o nível certo, por exemplo, quando disse que ela e o pai só se comunicavam através de duas barrigas inchadas. Mas caberia um pouco mais.

Vou tentar evidenciar o que o material mostra. Penso que nessa sessão o fato importante é a paciente ter faltado à sessão de segunda-feira por estar doente. A primeira interpretação foi: "Acredito que a mensagem que você quer que eu compreenda e responda diz respeito às informações importantes de que você precisa para entender o que lhe acontece". Concordo com isso, mas diria um pouco mais: diria que ela também ficou ansiosa porque temia perder a sessão, como acontecera na segunda-feira. Ela se voltou para os livros, que a deixaram confusa: o que é físico, o que é mental? Nesses livros, ela pesquisava suas doenças ou, quem sabe, as doenças do analista abandonado que, talvez, tenha adoecido nesses meses em que ela faz análise com um novo analista. Então, ela começa a falar sobre o pai, e a confusão retorna: será que se pode tratar de um câncer por meio de psicoterapia? Quando ela descreve tudo isso, eu relacionaria com a confusão que está em sua mente sobre quem é o doente e quem cuida do doente, porque ela e o pai estão tão identificados que não há como discriminar.

Em seguida, ela se refere à fala do médico. Em algum momento eu lhe diria que parece que ninguém está disposto a admitir que o pai está morrendo. Então ela diz que não vai mais cuidar de Ana. Eu comentaria que não está claro se Ana é o câncer do pai, e porisso é deixada de fora; ou se Ana torna-se um câncer por ficar excluída. Pode ser que a paciente tema que o analista excluído torne-se perigoso para ela.

Talvez eu não dissesse tudo isso, mas são essas as linhas de abordagem que o material me sugere. Quando a paciente diz que gostaria de estar no lugar de Ana, eu lhe apontaria que isso não é só uma brincadeira, pois no final de semana ela é quem tinha a barriga inchada e deixou o analista na posição daquele que se defronta com uma tarefa impossível.

Ela tem com o analista dois tipos de atitude: ou o deixa de fora, ou, ao contrário, age como se lhe fosse intolerável deixar o analista excluído e doente. Nessa oscilação, ela adoece e o analista fica impossibilitado de qualquer ação diante de seus sintomas físicos. Eu não entraria em detalhes sobre isso, mas diria que ela o desafia e quer que o analista se sinta desafiado com essa tarefa impossível: ela está doente, a mãe está morta, o pai está doente e o analista deveria, supostamente, consertar a situação.

Seria excessivo interpretar tudo numa única sessão, mas eu ficaria atenta a esses movimentos.

A última frase é importante — e eu a levaria a sério. Ela não só desejou ocupar o lugar da pessoa doente; ela realmente ocupou esse lugar. Não concordo com o que o analista disse a respeito do cuidado. Penso que ela quer ser cuidada sim, mas o que mais quer é projetar no analista esse desespero com a reparação. Desejar ser cuidada não é tão benigno como parece. Cuidar de alguém que está morrendo de câncer e esperar que o analista seja capaz de reverter essa situação é uma tarefa impossível. O desejo de ser ajudada por um analista saudável e não comprometido está ainda distante.

Platéia: Apesar de toda a doença nela e em torno dela, percebo que há um núcleo saudável nessa paciente que consegue cuidar de toda a família. Quando ela se refere à namorada alcoólatra do pai, deixa claro que esta parece encontrar-se numa situação confortável porque todos os cuidados se voltam para ela, sem que precise fazer nada. Creio que a paciente fica em dúvida entre um estado mental no qual é capaz de cuidar dos outros e uma condição em que se pode abandonar completamente, como faz toda a família.

Hanna Segal: Sim, mas o seu jeito de cuidar dos outros ainda é maníaco e inseguro. Concordo com você: uma parte da paciente é saudável, mas não é o que eu investigaria após a falta à sessão de segunda-feira. Eu falaria disso quando surgisse de maneira diferente, como naquele momento em que o analista diz: "Você está tentando comunicar-se comigo ou tentando resolver essa ou aquela questão". A parte saudável tem de ser considerada quando estiver presente. Se o analista mencioná-la logo após um ato destrutivo da paciente, estará introduzindo uma situação não verdadeira. A paciente está às voltas com médicos que não lhe dizem a verdade sobre o fato de que o pai está morrendo de câncer. Ela precisa de um analista que encare o sentimento dela de que tudo está morrendo de câncer. Só encarando essa verdade ela poderá resgatar um objeto que não esteja morrendo de câncer.

Nos momentos em que a paciente colabora com a análise o analista também pode mostrar que ela tem capacidade de conter um objeto vivo. Se o analista apontar um aspecto positivo que não coincide com o que o paciente sente ou sabe naquele momento, este suspeitará que o analista está sendo hipócrita ou que sente necessidade de consolar-se.

Platéia: Você não acha que a paciente poderia estar com raiva do pai, porque ela se preparou para uma doença de três meses e ele ainda continua vivo depois de oito meses?

Hanna Segal: Claro. Isso pode aparecer na transferência quando ela sente que o analista a persegue e faz exigências, e ela preferiria que ele estivesse morto. Ela odeia o fato de seu pai continuar vivo. Uma pessoa normal, mesmo uma neurótica, poderia contemplar esse pensamento em algum momento, mas ela não, porque se tiver um pensamento desses o pai ou o analista morreria. Com uma paciente como essa, é preciso cuidado com a maneira de interpretar os impulsos. É importante interpretar, mas deve-se formular cuidadosamente, como: "Você teme ter esse tipo de pensamento, porque acredita que se o tiver, ele se tornará real".

A paciente é agresssiva quando falta às sessões. O analista deve relacionar essas fantasias com a transferência, de maneira simples mas consistente. Eu esperaria o momento em que ela faltasse a uma sessão ou apresentasse sinais de que se sente perseguida pelo analista, para interpretar, em primeiro lugar, na transferência. Afinal, abandonar um analista é o mesmo que extingui-lo, é ter um desejo de morte em relação à análise. Somente depois que isto estiver estabelecido na transferência será possível fazer a ligação com o pai, porque ela está próxima de dizer que está farta de ele viver tanto tempo.

Apresentador: É interessante que a maneira que ela escolheu para faltar à sessão foi adoecer.

Hanna Segal: Ela deixa a análise doente faltando às sessões e imediatamente isso se liga à projeção, que transforma o analista na criança desamparada que nada pode fazer.

Apresentador: A sessão que vou apresentar ocorreu numa segunda-feira, quinze dias depois da primeira sessão apresentada.

Hanna Segal: É importante saber isso.

Paciente: *Vou lhe deixar o número do meu pager. No telefone do escritório só dá para me encontrar durante o horário comercial. Às vezes minha secretária sai às 6 horas; se você precisar falar comigo após esse horário, esta é a melhor forma.* (Após breve silêncio): *Vou lhe mostrar uma coisa.*

(Levanta-se do divã, tira da bolsa um bilhete, que me entrega. Nele está escrito: "Sua chave está na portaria, feliz feriado para você. Tchau, João.")

Paciente: *João é o manobrista do estacionamento de seu prédio, começou a trabalhar aqui na semana passada. Não lhe digo mais que "bom dia", "boa tarde", "até logo"; e ele já me chama de "você". O que estava aqui antes fui conhecendo devagar, pouco a pouco. Sempre que chegava, trocava algumas palavras com ele. Eu trato bem todo mundo. Agora esse rapaz, a quem eu nem dei espaço, já vem me chamando de "você", "feliz feriado!", "tchau, João!", na maior intimidade. No meu trabalho, lido praticamente só com homens. Sempre tem os que tentam avançar um pouco mais, e eu logo ponho um limite.*

Analista: *Ao mesmo tempo que você indica sua disponibilidade para ampliar seu contato comigo, alerta-me de que impõe limites quando esses homens avançam demais, tentando criar uma*

intimidade. Parece que você me diz: "Vamos de pouquinho em pouquinho".
Paciente (rindo): *Nossa! Isso nem me tinha passado pela cabeça. Tenho me sentido muito bem aqui.* Mas é verdade que às vezes as relações são complicadas para mim. Neste fim de semana tive uma briga com o Peter; não exatamente uma briga, mas uma discussão. Ele diz que quando a gente gosta quer estar junto todo o tempo possível. Sei que neste momento ele está mais disponível para mim do que eu para ele. Muitas vezes no fim de semana só quero enfiar a cabeça num livro e esperar o sono chegar. Ele me solicita, reclama que me convida para sair, para eu me divertir, para jantar fora, para dançar, para fazer outros programas prazerosos e eu quase nunca vou. Estou assim neste momento.
Sábado fui dormir na casa dele. Tive dois pesadelos horríveis, acordei super-assustada, aflita. No primeiro estávamos no apartamento dele, um pouco diferente do que realmente é, mas era o apartamento dele; de repente olho a sala, os quartos e estão cheios de corpos espalhados pelo chão. Não eram só cadáveres, os corpos estavam cobertos de hematomas, cortes, feridas, mutilações. Era horrível. Acordei assustada, fui tomar um pouco de água e tentei dormir novamente.
Aí veio o segundo pesadelo. Era como se eu estivesse numa prisão, numa cela com uma pequena abertura por onde eu espiava para ver se encontrava o culpado por aquelas atrocidades. Eu me senti péssima. Acordei assim e assim fiquei durante todo o fim de semana.
Analista: *Deve ser difícil divertir-se e ter prazer enquanto você está ocupada "espiando" a culpa por tanta dor ao seu redor.*
(Em português, o verbo que significa "olhar" — espiar — tem o mesmo som do verbo que significa "purgar uma culpa" — expiar.)
Paciente: *Acho que nunca tive alguém que compartilhasse de verdade as coisas comigo. Estava me lembrando de como eu e meu primeiro namorado — namoramos dos 15 aos 17 anos — ficávamos juntos durante a semana, porque estudávamos na mesma escola, mas nos finais de semana e nas férias ele ia viajar e só me avisava: "Estou indo com amigos no 'trem da morte', para a Bolívia". Eu ficava esperando. Depois, foi o John, dos 17 aos 22 anos. Nós nos dávamos super-bem. Eu freqüentava a casa dele, mas às vezes, quando ele tinha crises depressivas e precisava se isolar numa montanha para meditar, eu tinha de esperar a crise*

passar. Depois veio o Paul, com quem fui morar. Como ele era médico e atendia urgências, eu ficava sozinha toda hora. O bip *tocava de madrugada: "Venha correndo, um sujeito levou um tiro, outro foi atropelado!" Assim, eu ficava sozinha madrugadas seguidas. Daí, antes do Peter, eu conheci o Robert, que tinha negócios com meu escritório. Saíamos para almoçar, conversávamos muito e assim foi durante seis meses, só conversas, almoços e negócios. Quando eu o conheci, disse ao meu pai: "Conheci um homem que, se fosse dez anos mais jovem, seria o homem da minha vida." A certa altura desconfiei que era casado e um amigo que o conhecia disse: "Ele sai para jantar com você às sextas e aos sábados, não é? Então, não pode ser casado." Começamos um romance — e ele era casado. Ele resolveu se separar e começamos a pensar em morar juntos. Foi então que a doença do meu pai foi diagnosticada, a Ana conversou comigo e ponderou que seria bom se eu pudesse ficar em casa até ele melhorar. Nessa época tivemos uma invasão de cupins em casa e precisamos fazer uma dedetização. Todos nós tivemos de sair da casa: eu, o meu pai e os cães. Ele foi para a casa da Ana, um dos cães foi para a veterinária com quem já estava acostumado e eu fui com o outro cão para a casa do Robert, enquanto faziam a dedetização.*

Foi um inferno. O homem simpático revelou-se ciumento e incontrolável. Ligava-me o dia todo sem parar, aparecia no escritório para ver se eu estava trabalhando, e ia à minha massagista se eu me demorasse por lá. Eu nadava e ele resolveu nadar também. Se eu não pudesse ir porque estava resfriada, ele também não ia. Como o apartamento ainda não estava mobiliado, só havia um quarto com móveis, não tinha outro lugar para ficar. Havia uma mesa de massagem no outro quarto, às vezes eu dormia lá. No meio da noite ele aparecia, dizendo: "Venha para a cama. Você me deixou sozinho." Quando terminou o tratamento contra os cupins e podíamos voltar, ele chorava: "Você vai me abandonar! Se você me deixar, é melhor que eu me mate, minha vida acabou!" Foi um inferno.

Analista: *Ao descrever esses relacionamentos e lembrar-se da situação atual com seu pai, talvez você se pergunte se é possível ter comigo uma relação que não seja permeada pela morte e na qual não se sinta abandonada nem sufocada.*

Hanna Segal: É uma sessão de segunda-feira e parece-me que começamos de novo com uma inversão. "Aqui está o número de meu *pager*. Ligue se você quiser." Que atrevimento! É você que a quer, que quer se aproximar dela. No momento em que há uma inversão, há uma sexualização.

Minha interpretação seria menos benevolente. Eu interpretaria que ela quer contato com você, mas durante o fim de semana prefere pensar que você está correndo atrás dela. Ela lhe oferece o *pager*, dando a entender que é você quem se ausenta no fim de semana. E ela continua na mesma linha, dizendo a respeito do namorado: "Sei que o deixo esperar, sei que ele está correndo atrás de mim." Mas então ela tem um pesadelo, relacionado com "espiar". Concordo com o analista quando diz que para ela deve ser difícil divertir-se quando está ocupada "expiando" a culpa. Só que ele não menciona de que culpa se trata. Eu interpretaria o pesadelo dizendo que, no fim de semana, ela tenta acreditar que o analista era João, o manobrista, que corria atrás dela. Mas o pesadelo sugere que o fim de semana era diferente, e havia ao menos uma parte dela que queria espiar dentro da vida do analista, e esse olhar produz cadáveres. A culpa vem da ação desse olhar. Ela tenta deixar isso de lado, mas não pode sentir prazer com esse cemitério dentro dela.

É provável que essa paciente tenha uma forte inibição da curiosidade normal porque, para ela, olhar é matar. Mas por enquanto eu não diria isso a ela.

No restante da sessão ela fala sobre os namorados, e o analista acertadamente mantém-se calado. Mas é estranho que ele não dê importância ao "espiar". Com o primeiro namorado, ela espiava o que ele fazia durante o fim de semana, para ver se era casado ou não. Também é importante que, quando encontrou um outro homem, o pai ficou doente. Eu não interpretaria tudo isso, mas guardaria em mente para uso futuro.

A paciente menciona o "trem da morte" para a Bolívia. Acho correta a interpretação de que talvez ela se pergunte se é possível estar em análise sem correr risco de vida. Ela parece ter tendência de deixar no objeto o "trem da morte" para a Bolívia e se voltar para um outro objeto que se sinta seduzido por ela. Eu interpretaria um pouco mais essa dinâmica de transformar o analista num manobrista que corre atrás dela. Mas por trás disso há o espiar, o ódio, a morte, o trem para a Bolívia. Tudo isso ela deixa com ele, enquanto ela vive outra fantasia com outro objeto ou parte de objeto.

Platéia: Senti que faltava uma parte da história, como se eu visse apenas uma face da moeda. Há um vislumbre de algo bom, mas nunca se explicita claramente. Gostaria de ouvir sua opinião a esse respeito. Seria interessante, por exemplo, saber o que aconteceu com a única pessoa que a ajudou na vida, aquela empregada. Tenho a impressão que todo o bem é cindido e escondido. Não sabemos qual é a profissão dela, mas sabemos que ganha bem, o suficiente para arcar com o custo de uma análise. Mesmo que seja válida a afirmação de que ela põe a morte nos objetos e então os abandona e passa para outro objeto, parece-me digno de nota que ela não fica sozinha nem um instante: imediatamente encontra outro.

Hanna Segal: Acho que a empregada não foi o único bem. Não temos informações sobre seus primeiros anos, talvez nessa época seus pais ainda estivessem juntos.

É verdade que há força nessa paciente, mas ela é o tipo de pessoa com grande possibilidade de ter um colapso com 35 ou 36 anos, quando tudo isso desmoronar. Há tanta mania, inversão e perseguição na hipocondria que sem uma boa análise seu prognóstico seria ruim. Talvez não já, mas quando tiver 35 ou 36 anos e não puder transformar as pessoas em manobristas que correm atrás dela, ela terá de enfrentar a reparação. Se não estiver casada e não tiver filhos é provável que tenha um colapso. Não sou profeta, mas é essa a minha experiência com pessoas assim maníacas. Para ela, a esperança está em recuperar uma situação verdadeiramente edipiana em que os pais estão juntos, antes dos 6 ou 7 anos. É isso que ela sente que destrói, quando espia e invade. Quando compreender isso, poderá recuperar as forças verdadeiramente reparadoras, não maníacas.

Platéia: Quando ela diz que o pai viveria só quatro meses e já está vivendo há oito e que isso a assusta, tive a impressão de que ela não pensou que a análise durasse mais do que três ou quatro meses, que está indo muito além do que esperava, e que não sabe se vai dar conta desse trabalho.

Hanna Segal: É verdade, porém nisso também ela é ambivalente, porque quer que tudo termine rápido, que ele morra, mas ela também precisa muito dele.

Apresentador: Quando deixou o analista anterior, este lhe disse: "Quando as coisas pioram, você deixa as pessoas".

Platéia: A queixa, desde o começo, é a de que ela abandonou a análise anterior porque era muito superficial. Acho que ela está dizendo que precisa vir mais vezes por semana.

Hanna Segal: Também acho. A pessoa que se descreve como bem-sucedida poderia ter meios para fazer quatro sessões por semana. Na Inglaterra seriam cinco. Ainda sabemos muito pouco de sua história. Talvez o analista anterior tenha sido superficial, talvez a paciente não tenha agüentado ficar com um bom objeto. Não é bem verdade que ela abandona as pessoas quando estão morrendo, sem esperanças: ela não deixou a mãe, ela está com o pai. A questão é: será que ela tolera ficar com um analista que esteja bem, que seja casado? Ela tem de enfrentar seus sentimentos sobre isso, em vez de projetá-los.

Platéia: Achei interessante o que a senhora falou sobre o nível concreto de funcionamento dessa paciente, principalmente quando se referiu à confusão entre o físico e o mental. Qual seria a estratégia de comunicação mais adequada a essa paciente: um nível metafórico ou um nível mais explicativo de interpretação?

Hanna Segal: Todas as formas são adequadas. Às vezes, você pode apontar o medo de que seus pensamentos se tornem reais; outras vezes, como na situação em que ela teve um sonho e, ao acordar, o sonho lhe parecia real, o analista poderia apontar que ela não distingue sonho de realidade. Em outra ocasião, quando ela atribui ao analista um desejo que é dela, você poderia lhe mostrar que o desejo, em vez de ficar na mente, torna-se um fato real, externo a ela. Às vezes, você poderia evidenciar sua possessividade, como ela quer que o analista fique dentro dela porque não tolera a idéia de que ele esteja fora e a deixe só com o seu pensamento. Todas essas abordagens são válidas. De um modo geral, o tipo de material é que determina a técnica.

Platéia: Tenho a impressão de que essa paciente mostra um profundo desconforto com a situação analítica que dura mais do que quatro meses, como o colega apontou. Estamos cercados por uma multidão de imagens em recíproca oposição: cada gesto de aproximação que ela faz é seguido por outro no sentido contrário. Há uma imagem na primeira sessão que exemplifica bem isso, a de um casal em dois apartamentos separados. Ela mostra uma face de aproximação, de cuidado com a análise, telefonando, procurando; mas, embora não seja tão evidente, penso que há também um desconforto em relação a esta análise. Acho que envolve muitas cisões. Gostaria de saber se você pensa assim, e se isso deveria ser apresentado à paciente.

Hanna Segal: Ela é tremendamente ambivalente. Não sabemos por que razão ela não suporta dependência, talvez porque se sentiu intoleravelmente frustrada, ou porque não podia suportar a situação edípica arcaica. Ainda não sabemos muito sobre a paciente, mas concordo que tudo o que ela faz é importante. Ela tem uma incrível onipotência: basta seu olhar para que tudo se transforme em cadáveres. Os casais também estão separados de um jeito muito peculiar: é ela quem fica com o pai, enquanto a parceira sexual dele está em outro lugar. O casal parental está dividido em dois casais maus: a mãe boa com o companheiro bêbado, e o bom pai com a companheira bêbada. Talvez o bêbado seja o bebê que se embebeda no seio, ou no sexo.

Seminário Clínico VI

SEMINÁRIO CLÍNICO VI

Apresentador: Fátima, de 30 anos, casada há cinco, está em análise há dois anos, com três sessões semanais. Na entrevista inicial surpreendeu-se com minha proposta de trabalho, desacreditando que houvesse necessidade de "tantas sessões", pois não teria assunto para tantos encontros e logo a teríamos esgotado. E mais: seria intolerável tanto contato. Propôs duas sessões semanais. Concordei, com a condição de que houvesse um aumento gradativo do número de sessões. Após alguns meses de trabalho aceitou a terceira sessão. Até este momento é o limite que consegue suportar, embora reconheça a importância da análise em sua vida.

Mostrava-se insegura quanto a seu valor como pessoa, sem reconhecer em si qualidades importantes; passava os dias retraída, afastada de todos; não tinha amigos íntimos, apenas conhecidos. Sentia-se confusa e deprimida. Não conseguia dedicar-se a nenhum projeto profissional, embora tivesse interesse por atividades do campo artístico.

Aos 7 anos teve um episódio de alopecia do couro cabeludo. Refere ter sido um período difícil de sua vida, quando permanecia insone, temendo invasões e ataques de seres (imaginários e humanos) que se alojariam principalmente embaixo de sua cama. Dessa época guarda uma lembrança dolorosa: a de seu rosto colado ao vidro da porta de sua casa, enquanto a mãe ia para uma festa, aparentemente insensível ao seu choro, aos seus gritos e à sua súplica para que não a deixasse.

Minha impressão é a de estar com uma pessoa próxima de uma ruptura (intrapsíquica e interpessoal), que se sente rondada por uma angústia esmagadora, relacionada a um sentimento de culpa recorrente, para ela incompreensível. Apesar de seu esforço, encontra dificuldade para nomear seus sentimentos e exprimir suas idéias, em discerni-los e comunicá-los numa linguagem articulada. É como se dispuséssemos de pedaços de um tecido esgarçado e minha função fosse a de ajudá-la a reuni-los numa configuração significativa.

Hanna Segal: Gostaria de fazer algumas perguntas, porque para mim Fátima é uma figura muito nebulosa. Em dois anos você deve ter obtido algumas informações. Gostaria de indagar sobre esse nome, "Fátima". Qual é a origem do nome? Qual é sua nacionalidade? Você também deve ter informações sobre os pais e irmãos. Precisamos dessas informações, em vez de uma sessão com uma sombra. Imagino que o nome tenha alguma relevância, algumas conexões.

Apresentador: É interessante sua impressão, porque ela é de fato uma pessoa sombria, enigmática. Esgueira-se ao contato. É uma moça brasileira de ascendência árabe. Fátima não é o seu nome real, mas a escolha desse nome fictício não foi casual. É um nome de origem árabe e etimologicamente significa "aquela que deixou de mamar." Escolhi o nome também em função de um devaneio de Fátima acerca das tribos árabes do deserto, por exemplo, com a tribo *Tuaregue*. Enfim, foi o lado nômade de sua personalidade que me levou a escolher esse nome.

Hanna Segal: Mas para nós esse nome não tem relevância, pois não é o nome real nem uma associação dela. Foi escolhido pela analista.

Eu gostaria de conhecer fatos. Quantos irmãos ela tem, em que tipo de casa foi criada? Seria um lar árabe? Sua mãe mantinha uma posição submissa? Todos os tipos de fatos, que também são fatos psíquicos, são importantes para nós. Há uma grande diferença, por exemplo, entre um lar que funciona como um harém, onde a mãe fica como pano de fundo, e um lar com uma mãe profissional, que está sempre ocupada. Não sabemos de que tipo de ambiente vem essa moça.

Apresentador: Ela tem três irmãs e um irmão: duas irmãs mais velhas e uma irmã e um irmão mais novos; ela é a do meio. O pai é fazendeiro e a mãe, dona de casa. Fátima nunca fez curso universitário porque não quis, embora me pareça inteligente, culta e sensível. Recusou-se a fazer qualquer curso universitário pois, segundo ela, num regime acadêmico teria a sensação de estar muito presa.

Hanna Segal: Seus irmãos cursaram universidade?

Apresentador: Sim, todos eles estudaram e se formaram num curso superior.

Hanna Segal: Isto é importante, porque se veio de uma família de fazendeiros, ela poderia sentir-se superior, pois é tão inteligente e com interesses intelectuais superiores aos seus pais. Porisso estava interessada em saber se ela se sentia superior também aos irmãos. Talvez não, porque eles cursaram a universidade e ela não.
Apresentador: Os pais também têm um bom nível cultural.
Hanna Segal: São fazendeiros ricos?
Apresentador: São proprietários de terra, empresários rurais.
Hanna Segal: Então ela é a diferente, aquela que não freqüentou nenhuma universidade.
Apresentador: Nesse sentido, sim.
Hanna Segal: Houve alguma evolução na relação de transferência com você durante esses dois anos?
Apresentador: Penso que sim, principalmente no sentido de que hoje sou para ela uma presença individualizada. Há momentos em que ela me escuta, me ouve com atenção.
Hanna Segal: Antes não era assim?
Apresentador: Tudo era muito sombrio. Ela entrava esgueirando-se, um cumprimento muito vago e rápido. Minha impressão era que eu não tinha para ela uma existência individualizada na sala de análise. Hoje, ela me ouve com atenção.
Hanna Segal: Agora tenho alguma imagem dessa pessoa.
Apresentador: É uma sessão de quarta-feira. (Ela tem sessões às segundas, quartas e sextas-feiras.)
Fátima estava vestida de preto, porém com uma blusa colorida, com predominância do verde, que me chamou a atenção. Pensei que lhe fora possível aliviar o seu "luto" da sessão anterior, quando viera toda de preto: calça, blusa, sapatos e bolsa. Cumprimentou-me com um esboço de sorriso tímido e triste, olhou-me, porém de maneira rápida, sem deter o olhar. Assim que se deitou no divã, iniciou uma longa fala, em voz baixa e lenta.
Paciente: *Estou com um "bolo" aqui* (indica o peito). *Não sei o que é. Tive um sonho horrível esta noite. Meu marido ia transar com uma mulher. Era a Thereza Collor! Fiquei olhando, sentindo-me atraída pelo que via, mas depois me senti muito mal porque eles estavam gostando da transa. Perguntei à mulher: "Seu marido não vem transar com você?" Aí o marido dela chegou e jogou uma toalha sobre o seu corpo, por cima da qual transou rapidamente com ela. Foi terrível! Penso: "Ela é linda... Meu marido gostou da transa... Acabou meu casamento." Foi tão real*

o sonho! Acordei aterrorizada com a situação, com a possibilidade de meu casamento acabar. É como se o bicho-papão estivesse no quarto. Estou pesada, angustiada. Contei o sonho pro meu marido (neste momento seu sorriso é cético, algo melancólico) e ele brincou comigo: *"Agora tenho de transar com Therezinha..."*
(À medida que ela narrava o sonho tive uma sensação de estranheza, como se nele houvesse um elemento necrofílico através da transa com um morto — Pedro Collor — cuja figura suscitou-me a lembrança de fatos relevantes da história recente do país: no âmbito familiar, disputas e rivalidades fraternas, a mãe mantida em estado de coma por mais de dois anos, e um tumor cerebral, seguido de morte precoce, após denunciar o irmão, provocar seu *impeachment* e desencadear uma convulsão social. E também uma sensação de desconforto, ligada à personagem onírica representada por Fátima. Ela se interessa, sente-se atraída pelo que vê, usufrui da posição de *voyeur*, mas, ao mesmo tempo, sofre com a exclusão e com o sentimento de perda iminente e relevante, caso se deixe entreter por jogos perversos.)
Procurei transmitir a ela o que senti e pensei ao ouvir o relato do seu pesadelo.
Paciente (após breve silêncio, parecendo ter-me escutado com atenção): *Veio uma angústia... E também, naquele dia, tive uma conversa com João* (seu chefe). *Eu queria que ele se comprometesse comigo: salário fixo em vez de comissão por trabalho realizado. Ele me disse que quer ser livre, não pode comprometer-se com nada, nem comigo. Preciso de um acordo. Há um ano trabalho com ele, e como está não vale a pena para mim, nem financeira nem profissionalmente. Estou tocando dois projetos para ele: um é de arte, mas João não quer investir, pois segundo ele está "duro". O outro é uma pesquisa iconográfica. Consegui fotos incríveis, numa perspectiva histórica. Ficou muito boa. Sou assistente de direção e, no entanto, conversando comigo, ele me perguntou se eu teria alguém para indicar para esta função! Eu lhe faço trabalhos de graça. Fiquei muito magoada e frustrada, não só pelo dinheiro. Ele nem considera a minha capacidade ".*
Analista: *Você parece esperar dele um reconhecimento que você não se dá...*
Paciente (interrompendo a analista): *Estou vomitando as personalidades que pesquisei. Encontrei raridades para ele: de*

família, fiz triagem a partir de mais de 300 fotos. Um trabalho biográfico e iconográfico. Fiz o melhor... o meu melhor... sem reconhecimento.

Eu disse à paciente que relaciono a imagem que ela traz com uma figura insaciável: a Esfinge.

Hanna Segal: Você interpretou para ela que foi a Esfinge? Ou foi uma associação sua?

Apresentador: Procurei transmitir-lhe o que sentia e o que pensei a respeito do que me dizia.

Paciente: *Ela suga meu (todos) trabalho.*

Apresentador: É uma frase totalmente desestruturada. Ela se referia à Esfinge.

Analista: *Segundo você, para seu chefe, o João, nada está bom, ele quer sempre mais e melhor; alguém que "broxa" quando é requerido numa relação como adulto. É indefinido e escorregadio, não suporta compromissos. Penso que essa figura representa bem o seu lado "João", e expressa sua falta de consideração para com seu próprio esforço para crescer.*

(Ela já está há algum tempo chorando de maneira discreta, baixa).

Paciente: *Estou sempre em alguma encruzilhada. Não são decisões comuns, cotidianas, como todo o mundo tem todos os dias. Eu jogo a minha vida! É a própria vida que está sempre em jogo.*

Analista: *Assim como Édipo. No mito, foi numa encruzilhada que aconteceram movimentos decisivos de um jogo de Vida e Morte, que envolviam disputas, rivalidades, parricídio.*

Paciente: *Estou sempre dividida em duas. Acho que são muitos os aspectos que reúno e reduzo a dois. Parei de tomar pílula, mas tenho um medo terrível de passar para meu filho esse meu lado sombrio.*

Analista (observo novamente sua blusa em tons de verde, um toque de vivacidade em sua vestimenta preta): *Há uma articulação possível, pois apesar de seu medo você decidiu não mais tomar anticoncepcional, o que significa, em termos mentais, favorecer a presença de algo que ilumina, que pode ser apenas uma velinha, mas com a importante característica de ser novo e que posso chamar de esperança, de disponibilidade para um compromisso.*

(Há um silêncio e o pranto de Fátima é pesaroso. Ela fala de seu desalento consigo própria).

Analista: *O fato de me comunicar isso é importante, pois indica uma expectativa de que eu me interesse pelo que ocorre com você, em sua mente, confiando na possibilidade de uma interlocução; enfim, a esperança de que sejamos um par capaz de enfrentar a dor, o medo, o pesadelo ligado às coisas mortas, e não "broxar" frente a isto.*

Hanna Segal: Desculpe interromper tanto, mas esta apresentação de material é diferente do que estou habituada. Tenho dificuldade em distinguir o que está na mente da analista e o que está na mente da paciente. Quando você menciona a Esfinge, a associação é sua. Não é exatamente uma interpretação do que ela conta, mas uma idéia de sua mente. O mesmo se passa quando você traz Édipo. Para um analista, "encruzilhada" evoca Édipo, mas essa associação não é necessariamente válida para todos os pacientes. Então fico um pouco confusa: nunca sei se estou ouvindo associações da paciente ou suas. O material a respeito de Collor é diferente daquele sobre Édipo ou a Esfinge, porque se refere a um conhecimento partilhado pela paciente e a analista, isto é, à história recente brasileira.

Apresentador: Quando eu falava de Édipo não me referia ao Complexo de Édipo, que é do domínio psicanalítico, mas ao *mito* de Édipo. Penso que o mito implica um conhecimento cultural comum e como tal eu o compartilho com a paciente. E ela compreendeu isso.

Hanna Segal: Você acha que ela estava lidando com a questão edípica naquele momento?

Apresentador: Penso que sim, desde o início, quando ela se referiu ao pesadelo, à cena primária, à exclusão.

Hanna Segal: Voltemos ao sonho. No pano de fundo está seu conhecimento acerca da violência e da rivalidade entre irmãos. A traição entre irmãos é importante. Mas não fica claro o que você transmite a ela. A primeira observação que eu faria para a paciente é que o sonho continuava depois que ela acordou. Ela não conseguiu se livrar do sonho.

Apresentador: Isso mesmo. Essa impressão reaparece na segunda sessão, quando me refiro ao estado sonambúlico e suspensivo.

Hanna Segal: A paciente sabe que, quando tem um sonho, tenta transformá-lo em realidade. Então minha primeira interpretação seria a respeito do pesadelo e de seu medo de que se torne realidade, pois ela o vive como se fosse real. Eu teria relacionado o sonho com a separação: quando a analista está longe, ela se sente traída por ela. A analista é a mãe bonita que a paciente admira, mas basta ser deixada de fora para que a analista se transforme nesse casal de traidores. A paciente deseja tanto o pai quanto a mãe, e eu teria dito que, enciumada, ela transforma tudo isso numa cena de pesadelo, de assassinato, de filhos e pais que se matam. Como se, ao enfrentar a própria curiosidade e a realidade da ausência da analista, ela criasse esse sonho — e depois teme que ele se torne real. Ela está com medo de que a analista atue o que aconteceu na história.

Eu não entraria em detalhes sobre o que aconteceu com a família Collor, mas falaria do que acontece com ela quando se sente excluída: constrói um pesadelo que, para ela, se torna real. Concordo que existe *voyerismo* mas não consigo ver a questão dos jogos sexuais, porque parece que aqui não há material suficiente para apoiar isso. Mas ela traz, em vez de um marido de verdade, um marido meio-morto que contém toda essa história de violência.

Apresentador: Está aí o elemento necrofílico que saliento para a paciente, em função da presença de Pedro Collor como personagem onírico.

Hanna Segal: O mais importante não é o que você transmitiu a ela, mas sim a maneira como você interpretou isso, se ligou ou não com a separação e com o que acontece quando você está longe, porque a maneira como você fala afetará as associações posteriores da paciente.

Apresentador: Falei sobre seu desconforto, sobre o sentimento de estranheza, o entretenimento com jogos perversos, o quanto isso poderia introduzir um elemento doloroso em sua vida afetiva.

Hanna Segal: Não relacionou isso com você? Com a separação?

Apresentador: Eu me referi a esses elementos e ela fez a associação de que, no dia relativo à noite do pesadelo, ela teve aquela conversa com João, seu chefe. Essa foi a associação dela. A figura de João começou a surgir.

Hanna Segal: A paciente disse: "Fiquei ansiosa, eu tinha de ter uma conversa com ele".

Apresentador: Essa foi a associação que ela fez com o sonho: o quanto se sentiu magoada por ele, não reconhecida em seu esforço.

Hanna Segal: Nesse momento ela fica paranóide em relação ao chefe. Parece-me que ela diz que deseja um contrato verdadeiro, um compromisso mais estreito com você, um contrato mais explícito com a análise. Ela quer um contrato de verdade com você e se você não lhe der isso, alguém ficará muito voraz. Esse "alguém" muito voraz não é ela, é o chefe: você se torna o chefe que exige mais e mais dela (mais imagens, mais iconografia, mais material) e não lhe dá o bastante em troca. Quando ela se sente frustrada com você, não experimenta a própria voracidade, mas é você quem se torna a pessoa voraz, incapaz de reconhecê-la. Você interpretou que ela espera um reconhecimento que ela mesma não se dá. Então, nesse momento, você a deixa com ela mesma e afasta-se da transação. Ela sente que você não lhe dá o devido reconhecimento, mas ao mesmo tempo tem de perceber que ela também não a reconhece o suficiente. Parece-me que a auto-depreciação da paciente tem a ver com um padrão de relacionamento com um objeto interno. Se a analista não relacionar isso com o que ocorre na situação analítica, a paciente, em vez de sentir-se ligada, se sentirá no ar, conectando-se sucessivamente com diferentes partes do seu *self*. A relação que a paciente tem consigo mesma é condicionada pela relação que ela acredita existir entre ela e a analista.

Apresentador: Minha sensação com Fátima é que existe um tipo de identificação melancólica. Por exemplo, ela sempre trouxe a mãe como uma pessoa afetivamente ausente. Então, penso que de uma maneira geral — sem me ater especificamente a essa sessão — ela precisa de mim em termos muito primários, como de alguém que a escute.

Hanna Segal: Mas "atenção primária" implica você reconhecer e comunicar adequadamente os sentimentos dela. Por exemplo, se ela se queixa do chefe que não reconhece as boas imagens que ela traz e você interpreta que compreende o que ela sente, o fato de você interpretar isso faz com que ela sinta que você pode ser um objeto diferente. Se teve uma mãe que não lhe dava atenção, ela ficará alerta para ver se você tolera o que ela lhe traz, se você a compreende ou não, para confirmar se você está realmente lá. É verdade que o chefe representa um aspecto dela, mas isso a deixa só consigo mesma, porque o que está o tempo todo na cabeça dela é o que acontece entre você e ela. O que a reassegura é o fato de você estar sempre presente, ter um compromisso com ela. Mas penso que ela sente que esse compromisso não é suficiente, sua idéia de compromisso é que você deveria estar sempre disponível. Em sua mente infantil, o compromisso que ela deseja é que a analista esteja sempre presente. Isso significa que você não deveria ter um marido, por isso ela lhe dá um marido morto. E se você tiver filhos, eles se matarão uns aos outros. Quando ela se refere à encruzilhada, eu pediria uma associação. Que decisão ela tem de tomar naquele momento? O que é essa encruzilhada? Pediria isso porque penso que ela diz: "Eu brinco com minha vida; é minha vida que está em jogo." Quando você se refere a Édipo, a paciente acha que você também está brincando: com a mitologia, com o teatro. Essa rivalidade, essas disputas estão ligadas ao sonho. Se eu introduzisse Édipo, diria que o sonho contém tanta violência quanto a história de Édipo, ou alguma coisa que pudesse estar ligada à experiência imediata dela. Ela menciona sentir-se dividida em duas, mas diz que há mais aspectos que não cabem nessa redução. Não sei o que ela quer dizer com isso.

Apresentador: No primeiro momento, ela disse que estava sempre dividida em duas, mas depois reconsiderou que provavelmente essa divisão implica um número maior de partes, que se reduzem a duas.

Hanna Segal: Ela fala de fragmentação. Não sei se você pode falar disso no momento em que ela se refere ao medo de transmitir seu lado sombrio para o filho. Isso é uma associação da paciente ou, em algum momento, você introduziu a idéia?

Apresentador: É uma associação da paciente.

Hanna Segal: É a primeira vez que ela fala desse lado sombrio?

Apresentador: Em termos tão claros, sim. Ela está decidindo ter um filho. É essa a encruzilhada vital que ela atravessa.

Hanna Segal: Ela usa anticoncepcional?

Apresentador: Parou de usar recentemente. Espera ter um filho num futuro próximo, mas ao mesmo tempo acha-se psiquicamente muito frágil para ter um filho.

Hanna Segal: Os pais de Édipo criaram um monstro que terminou por matá-los. Eu tomaria isso como um sinal de que ela sente que a análise tornou-se mais produtiva, mas tem medo de que possa dar nascimento a um monstro. Se a análise progredir, ela reconhecerá seus sentimentos monstruosos. Aqui existe tanto esperança quanto desespero. A esperança é que se ela deixar de ser fragmentada e estabelecer uma relação com você, acontecerá algo produtivo. Seria como o nascimento dela, mas o nascimento de algo que ela teme que seja monstruoso. Entre vocês será criado um monstro, um monstro que já conhecemos, pois apareceu no pesadelo: é aquilo que ela faz com você.

Entendo que você sinta a necessidade de ser reasseguradora, mais continente; mas isso não é continência, é o *holding* de Winnicott. A verdadeira continência mental, em termos de Bion, é diferente. Você é continente quando pode aceitar e tolerar os horrores que ela lhe conta, e conversar com ela sobre esses horrores de uma maneira verdadeira. Então, ela sente que houve comunicação. Quanto mais fragmentada e sombria é a paciente, tanto mais importante que você seja precisa ao se referir ao que acontece entre vocês. Só assim a paciente sabe que você está presente e se importa com ela. Isso implica você aceitar sua parte, admitindo que a frustra.

Acho que ficou genérico demais, mas proponho que agora conversemos sobre tudo isto.

Platéia: Penso que essa paciente, ao procurar a analista, já revelava que não ficaria completamente envolvida com a análise. Aceitou relutantemente três sessões, mas queria só duas, como se fosse demais para ela. Quer tudo e às vezes isso fica como um "bolo" entalado em sua garganta. Essa questão de aproveitar ou não o que se come, do alimento que faz mal, surge duas vezes no sonho: no "bolo" e no bicho-papão.

Hanna Segal: Concordo com o primeiro ponto: ela reluta em fazer análise; e com o segundo, de que ela se sente sufocada por um pesadelo que lhe aperta o peito. O que mais temos?

Platéia: Aparece também o bicho-papão. Quando ela se refere ao chefe, diz que ele não se compromete, que ela quer um salário fixo e não trabalhar por comissão. Aqui eu capto porque Hanna Segal disse que às vezes há falta de comunicação, que ela não se sente compreendida, mas exige satisfação total na sessão, embora ela própria não possa oferecer mais à analista. O temor de não ser compreendida nisso lhe traz muita ansiedade. É preciso comunicar-lhe que a analista pode acolher essa impossibilidade dela.

Hanna Segal: A sensação de acordar com um peso no peito faz parte daquilo que eu já disse: o sonho é real e fica pesando sobre seu peito. O sonho está relacionado com exclusão e o pesadelo produzido a partir disso transforma-se num peso real, que oprime seu peito. Aqui estamos precisamente diante da questão do compromisso e da voracidade, em todas as suas variações. Ela projeta tudo na analista: sua expectativa da análise, o terror que sente quanto às expectativas da analista a seu respeito e o problema do reconhecimento e do não reconhecimento. A paciente queixa-se de que a analista não a reconhece mas não reconhece a analista, poucas vezes dirige-se diretamente à analista. Todos esses aspectos estão presentes e seria necessário tomá-los um a um, à medida que aparecem. Em alguns momentos, ela fala de voracidade, em outros queixa-se da falta de reconhecimento. É importante notar que, na opinião da analista, essa paciente é incapaz de nomear seus sentimentos. O papel da analista é o de ajudá-la nisso.

Platéia: Lembrei da menina pequena, que tinha pavor de que sua mente fosse invadida por seres imaginários ou humanos, que ficavam embaixo de sua cama e a impediam de dormir. Não estaria relacionado com esse pesadelo que invade sua mente, o pesadelo de exclusão, do qual ela não consegue acordar? Ela se queixa de que o marido sorriu e subestimou seu sofrimento de ter a mente invadida por terrores. E ao mesmo tempo parece que ela repete essa queixa para a analista, a fim de que esta compreenda o que é ter a mente invadida por tal terror.

Há mais um ponto no final da sessão. Ela comenta que está lidando com questões realmente sérias. A encruzilhada seria entre a sanidade e o intenso sofrimento que resulta de se sentir invadida dessa maneira, isto é, a loucura. Ela está num jogo entre sanidade e loucura.

Hanna Segal: Concordo com tudo o que você disse. As coisas tem de ser ligadas a essa experiência aterradora, ou com esse sonho ou com alguma outra conexão. O pesadelo oferece uma boa oportunidade para conversar sobre os monstros que brotam no meio da noite e a invadem, mas apenas se isto for relacionado, em primeiro lugar, com a separação na transferência. Senão, tudo fica longínquo e remoto. Pela reação da analista, a paciente teme que o que ela diz seja considerado de modo superficial e que a analista faça pouco dela ou ainda se comporte como ela teme em suas fantasias inconscientes, como ocorreu com seu marido quando esse lhe perguntou: "Você quer que eu durma com esta mulher?"

Em todas as situações, é preciso que a analista preste atenção na reação da paciente à sua fala. Porisso eu queria mais informações sobre o que a analista disse, para saber a que a paciente reagiu. Intuitivamente afino-me mais com essa idéia de uma encruzilhada entre sanidade e loucura do que com a idéia de Édipo, mas eu não interpretaria: perguntaria a ela de que decisão, de que encruzilhada se trata. Talvez a decisão esteja relacionada com contar ou não contar algo à analista.

Eu gostaria agora de ver a segunda sessão, que é muito interessante pois depois de toda essa conversa sobre compromisso, ela falta.

Apresentador: No final da sessão que apresentei e sobre a qual conversamos, Fátima me disse, quando já estava de pé e saindo, que não viria na sexta-feira, que seria a sessão seguinte, pois iria viajar. Ainda chorando, falou da necessidade de entregar o trabalho ao chefe. Pareceu-me confusa e sofrida. Manifestei minha disponibilidade em atendê-la na quinta-feira, num horário substitutivo. Ela disse que me telefonaria, porém não telefonou. Como não veio na quinta-feira e faltou na sexta, esta é a sessão seguinte, a de segunda-feira.

Ao iniciar a sessão, com um gesto indicando o peito, Fátima diz que tem um "nó". (O gesto indica uma localização bastante precisa, o diafragma, como o lugar do "bolo" e agora do "nó"). Discorreu longamente sobre sua epopéia: procurou o chefe, foi à casa dele, telefonou-lhe diversas vezes e não o encontrou. Após várias tentativas frustradas de contato, conseguiu achá-lo e ele lhe disse que enviasse o trabalho por *e-mail*.

Fátima sentiu-se despachada por ele, desconsiderada em seu esforço e dedicação ao trabalho, e afastada do projeto em questão. Sentiu-se perdida, paralisada: não conseguiu deixar-me um recado, hesitou em encontrar-se com a mãe, que a procurara, e ficou indecisa também quanto a viajar com o marido. Não conseguiu expressar ao João o que sentira frente à sua atitude para com ela.

Paciente: *É como se eu estivesse presa num calabouço que eu mesma construí.*

Eu lhe comunico a impressão de que o que ela me descrevia como paralisia parecia-me uma vivência sonambúlica e suspensiva, na qual se via impedida de pensar, de entrar em contato efetivo com as pessoas e consigo própria e dessa forma ser capaz de tomar decisões. Assemelhava-se a vivências relatadas em ocasiões anteriores, associadas aos seus freqüentes pesadelos.

Após um breve silêncio, ela me falou de sua mãe. Ao vê-la, a mãe perguntou-lhe o que tinha, pois não parecia nada bem. Fátima confirmou, porém sem entrar em detalhes — que a mãe não pediu. Referindo-se a uma outra filha, que tivera um bebê recentemente, sua mãe disse acreditar que a dedicação dessa ao filho era compensatória, relacionada aos abortos que fizera. Fátima insurgiu-se contra essa opinião, discordando totalmente da mãe, mas nada lhe disse.

Paciente (concluindo sua fala): *Fiquei chocada com minha mãe. Sei que somos responsáveis por aquilo que fazemos, mas minha mãe nunca conversou conosco sobre nada disso. Suas fi-*

lhas abortaram quando ainda eram adolescentes. Eu não sabia que poderia engravidar.

Analista: *Apesar de se reconhecer responsável, você persiste em cobrar de sua mãe uma presença afetiva em sua vida e, embora a considere incapaz disto, continua esperando receber.* Minha impressão é de um esfacelado campo emocional mãe-filha e, apesar de seus esforços de integração psíquica, o seu sentimento de desamparo relacionado à ausência materna é intenso. Converso com ela sobre isso, acrescentando que me tratou como sentiu que é tratada pela mãe e pelo chefe, ou seja, com descaso, emblemático de maus-tratos. E também por si mesma, entretendo uma imagem da Fátima-sombra que segue o marido não como uma companheira ativa e colaboradora, mas como alguém que se alimenta de seu crescimento, na medida em que descrê da própria capacidade de crescer. Nesse calabouço interno tende a reduzir-se a uma Fátima mimada, frágil e, quem sabe, até "perua".

Paciente: *É isto mesmo! Você acredita que João me disse isto textualmente?* (referindo-se à "perua")

Analista: *Ele parece representar adequadamente o lado "calabouço", que a aprisiona através de auto-depreciações dolorosas, levando-a a abortar seus aspectos criativos.*

Nesse momento da sessão, lembrei-me de um cão Labrador, o seu preferido. Ela visitou um canil e interessou-se por ele. O dono do cachorro tentou dissuadi-la de comprá-lo, dizendo que ele não valia nada: era epiléptico, suas "bolas" não tinham descido (referindo-se aos testículos) e provavelmente seria sacrificado. Fátima insistiu pois queria aquele, em vez dos cães saudáveis que lhe foram oferecidos.

Comunico-lhe essa lembrança e a minha impressão de que se identificara com o cão abandonado e inviável, e através dele pôde acreditar em si mesma e na possibilidade de cuidar-se.

Paciente: *Ele é um cachorro maravilhoso, bonito, companheiro. Corre pelo jardim e nada na piscina o tempo todo. Ele já é pai!* (sorri e eu a percebo muito emocionada).

Ficamos em silêncio.

Nesse ínterim, relaciono a pesquisa iconográfica (citada por ela na sessão anterior) com a "adoção" do cão rejeitado e ambas com uma matéria que saíra na véspera na revista *Veja* a respeito de um achado arqueológico, numa província chinesa, de oito caracteres esculpidos em ossos de cordeiro, possivelmente há 3.500 anos.

Comunico a Fátima minha impressão de seu empenho para desenvolver um alfabeto que lhe permita representar suas mais recônditas experiências emocionais, o que nos possibilitaria construir uma linguagem comum a fim de compreender movimentos sutis em nossa relação: Fátima-cãolabrador, Fátima- sombra, Fátima escutando e vendo — e sendo escutada e vista por sua analista-mãe.

Hanna Segal: A primeira coisa que me chama a atenção é que depois de todas as queixas de que o chefe e a analista não teriam compromisso suficiente com ela, Fátima anuncia que vai faltar na sexta-feira. O uso da palavra *epopéia* é muito adequado. Eu interpretaria que ela se queixa da falta de compromisso da analista, mas anuncia que vai faltar à sessão.

Minha primeira interpretação seria a respeito desse estardalhaço sobre a falta de compromisso, mas quem falta é ela. Em vez de lidar com isso, ela cria uma epopéia sobre o chefe e fica aprisionada na epopéia que criou. Em vez de lidar com a questão: "Será que é a analista quem a trata mal ou vice-versa", ela cria uma epopéia que a aprisiona, e corre pelo mundo à procura do chefe, sem olhar para o que acontece aqui e agora.

Vou pular o meio da sessão e ir direto para o final, porque concordo com a interpretação da analista de que a paciente identifica-se com o cão indesejado e abandonado e agora se sente adotada pela analista. Mas como é que a paciente responde a essa interpretação? A paciente responde com auto-idealização: "Que cão maravilhoso! Nunca se viu um cachorro igual antes!"

Apresentador: Este é o momento da sessão em que senti Fátima mais próxima de mim.

Hanna Segal: Concordo. No momento em que ela ficou mais próxima de você e emocionou-se, imediatamente evitou reconhecer a dependência, a sua ajuda, faz essa auto-idealização e perde o contato com a analista.

O material do meio da sessão é importante, porque parece que mãe e filhas têm muitos abortos. Eu gostaria de saber se a mãe teve abortos. Não sabemos, porque ela diz que a mãe não lhe conta nada. A mãe teve abortos?

Apresentador: Não, a mãe não teve abortos.

Hanna Segal: Houve muitos abortos entre mãe e filha, que em algum momento precisamos investigar. Eu gostaria de saber que idade Fátima tinha quando nasceu seu irmãozinho.

Apresentador: Devia estar com 4 anos quando o irmão nasceu. Ele é o caçula.
Hanna Segal: Não sabemos o que aconteceu nesses quatro anos antes do nascimento do irmão. A lembrança em que ela está chorando, pedindo para a mãe não sair, não seria uma recordação encobridora relativa à época da gravidez da mãe?
Apresentador: Não sei.
Hanna Segal: Eu manteria isso em mente, pois há mais a ser explorado aí. Eu não falaria apenas de auto-depreciação ou autoreconhecimento. Eu gostaria de saber o quanto a falta significa abortar a analista e, conseqüentemente, o medo de que você aborte algo dentro dela.
Apresentador: Eu me refiro ao descaso: ao não me avisar, não responder à minha disponibilidade para atendê-la. Eu lhe digo que é uma situação de pouco caso, análoga a como se sentiu tratada pela mãe e a como se sente tratada no presente por João, ou seja, com descaso, que é emblemático de maus-tratos. Penso que intrapsíquicamente, na relação dela consigo mesma, também acontecem esse descaso e esse mau-trato.
Hanna Segal: Acho essa parte importante. A analista diz: "Você me trata como foi tratada pela mãe, por João etc" A analista coloca-se fora desse grupo que a maltrata? Você insiste em ser um bom objeto para ela, mas tem de aceitar que é um mau objeto também. De nada serve essa referência de como a paciente foi maltratada no passado, a menos que esteja ligada a algo recente.
Platéia: A analista disse: "Você me trata como se sentiu tratada no passado por outros".
Hanna Segal: Por outros, mas não pela analista. Quando a analista disse: "todas aquelas pessoas a trataram mal e agora você me trata mal", sinto que a analista é também uma dessas pessoas que a maltrataram. Você tem de aceitar que também é um mau objeto.
Apresentador: Quando tento fazer esta tessitura, minha idéia é alargar o campo de significados, para que não fique muito estreito. Tento cerzir um tecido esburacado.
Hanna Segal: Não se trata especialmente de você, esta é uma tendência nossa: todo analista quer ser o bom objeto do paciente. Mas não funciona porque se torna um objeto idealizado. O melhor aspecto de um bom objeto é o de agüentar ser um mau objeto sem atuar.
Apresentador: Com essa paciente, fica uma impressão geral de um objeto que não é nem bom, nem mau, nem idealizado, mas inexistente. É anterior...

Hanna Segal: No início da sessão a paciente não pode pensar sobre o bom ou o mau objeto. O objeto não existia para ela. Mas quando a analista passa a existir, torna-se um mau objeto: porque a trata mal, não faz com ela um contrato diário. Torna-se um objeto que nunca está satisfeito, que não reconhece os esforços dela e assim por diante. Isso precisa ser conversado, para que você se torne realmente presente para ela. Se ela torná-la irreal de novo, você poderá interpretar que ela achou tão intolerável o fato de você também poder ser um mau objeto que prefere torná-la inexistente.

Platéia: Eu queria falar a respeito da primeira sessão. Baseio-me no fato de que a analista insistiu com a paciente para ter uma terceira sessão, que ela aceitou depois de muita relutância. A paciente falou de um pesadelo, que viveu como se fosse um oráculo, uma profecia acerca do que iria acontecer. Na segunda sessão a analista novamente oferece mais uma sessão e a paciente recusa. Vou juntar os fatos. A paciente sente-se numa encruzilhada e está amedrontada por deixar os anticoncepcionais. A analista não estaria inadvertidamente, até inconscientemente, oferecendo à paciente uma gestação, querendo que ela engravide, num momento em que ainda não está preparada para essa experiência?

Hanna Segal: Concordo. Eu não usaria a expressão "oráculo", mas já conversamos sobre isso: ela está com medo de se comprometer com a análise porque, se o fizer, seria gerado um monstro. Você está certo quando diz que ela sente a analista forçando-a, porque transforma a analista em um perseguidor: ela falta à sessão para que a analista corra atrás dela. Em um nível pode ser isso. É como um estupro por parte da analista, quando impõe a terceira sessão, para produzir uma criança monstruosa.

Mas inclino-me mais a pensar que a paciente está num nível em que não quer o nascimento da criança monstruosa que será criada quando ela se comprometer com a análise, pois deixa claro que considera essa criança como uma projeção de seu *self* mau.

Apresentador: Esse projeto de um filho era impensável no início de nosso trabalho, mas foi surgindo devagarinho. Ela começou a prestar atenção a crianças, a querer pegá-las e cuidar delas. Agora, com o bebê de sua irmã, tudo isso floresceu.

Hanna Segal: Os filhos de irmãs são importantes porque toda mulher, em algum momento, sente inveja da fertilidade da irmã, da mãe, ou da analista, quando esta se ausenta. Espero que o projeto de um bebê vá devagar, porque pobre da criança se nascer agora...